CAMINHO ANCESTRAL

*Para mulheres que conduzem
a sabedoria milenar*

Dados Internacionais de Catalogação na Publicação (CIP)
(Câmara Brasileira do Livro, SP, Brasil)

Panozzo, Gioia
   Caminho ancestral : para mulheres que conduzem a sabedoria milenar / Gioia Panozzo ; [tradução Angela Machado]. — São Paulo : Ágora, 2001.

   Título original: Antigua Avenida : l'eterno mantra della vita.
   ISBN 85-7183-792-9

   1. Mulheres — Conduta de vida 2. Mulheres — Guias de vida 3. Mulheres — Psicologia 4. Relações Interpessoais 5. Sucesso I. Título.

01-1323   CDD-158.082

Índices para catálogo sistemático:
1. Mulheres : Sucesso : Orientações de vida :
      Psicologia aplicada   158.082
2. Sucesso feminino : Orientações de vida :
      Psicologia aplicada   158.082

Compre em lugar de fotocopiar.
Cada real que você dá por um livro recompensa seus autores
e os convida a produzir mais sobre o tema;
incentiva seus editores a encomendar, traduzir e publicar
outras obras sobre o assunto;
e paga aos livreiros por estocar e levar até você livros
para a sua informação e o seu entretenimento.
Cada real que você dá pela fotocópia não autorizada de um livro
financia o crime
e ajuda a matar a produção intelectual de seu país.

Caminho Ancestral

*Para mulheres que conduzem
a sabedoria milenar*

Gioia Panozzo

ÁGORA

Do original em língua italiana
Antigua Avenida : L'eterno mantra della vita
Copyright © 2000 by Gioia Panozzo

Tradução:
Angela Machado

Ilustrações:
Ana Lúcia Marcondes

Capa:
BVDA – Brasil Verde

Editoração e fotolitos:
JOIN Bureau de Editoração

Proibida a reprodução total ou parcial
deste livro, por qualquer meio e sistema,
sem o prévio consentimento da Editora.

Todos os direitos reservados pela
Editora Ágora Ltda.

Rua Itapicuru, 613 – cj. 72
05006-000 – São Paulo, SP
Telefone: (11) 3872-3322   Fax: (11) 3872-7476
http://www.editoraagora.com.br
e-mail: editora@editoraagora.com.br

A Sergio, meu mestre,
um obrigado risonho
de Amor sem tempo.

No Silêncio da mente
experimentei o sabor da Morte
para aprender a arte de Viver aqui e agora,
a cada instante.

Prefácio

Este é um livro especial, para mulheres especiais, escrito de um modo diferente, que requer uma leitura diferente.

Eu gostaria que ele criasse uma inter-relação entre nós, pois não represento nada senão uma parte de vocês mesmas.

Ao ler o Caminho ancestral, virão à tona lembranças que lhes trarão o sabor de um plano mais profundo, às vezes há muito tempo esquecido. Vocês descobrirão, junto comigo, a sua parte Universal; tomarão consciência da capacidade inata de se dissolver no infinito em um grande vôo feito de Energia. Vocês se darão conta da imensidão do mundo fechado em um corpo limitado, e irão comover-se com esse encontro com vocês mesmas.

Façam desenhos das imagens que as palavras lhes sugerirem, escrevam tudo o que lhes vier à mente e descobrirão quem vocês são de fato. Do meu livro nascerá o livro de vocês, com espontaneidade e simplicidade. Cada uma de vocês escreverá, sem esforço, sua própria história. Se tiverem vontade de enviar o resultado desse trabalho, poderemos decidir fazer um novo livro, criado por essa interação. Será uma maneira diferente de nos conhecermos e de nos encontrarmos.

Fala-se tanto desta Nova Era, mas poucos se dão conta realmente de que é preciso Agir, e não somente pensar, se *quisermos que a Humanidade encontre e viva uma nova Idade de Ouro feita de Paz e Harmonia.*

Eu sei que as Mulheres já estão prontas, muito mais do que os homens, para, com coragem, trazer esta mudança ao plano da realidade das suas Vidas. Sei que agora as mulheres têm uma grande Força, inerente a elas mesmas, que permite revolucionar a Vida de maneira interessante e criativa. Há muitos anos trabalho com Mulheres sobre a Arte de Viver a Vida, buscando resgatar a Qualidade que se perdeu no tempo. E a cada dia experimento com Elas o desejo de tornar-se Conscientes do sentido de si mesmas e da realidade que estão vivendo.

É uma Era de grandes mudanças e vale a pena procurar o sabor de cada coisa na própria vivência, para além dos julgamentos da mente, aprendendo a usar a Mente Sagrada para Viver, isto é, sendo governadas pelo coração.

As mulheres sabem chorar e também sabem rir. São Humanas no sentido mais profundo e aberto da palavra; são Vivas de verdade, são antigas, e é delas que virá ao mundo o impulso de Renovação.

Mulheres são mães e companheiras e, por isso, com suas atitudes cotidianas, dão um ensinamento e uma educação que não são feitos só de palavras, mas também de exemplos...

...e Antiga disse, sorrindo:

"Cuide de si mesma com Amor, lembre-se de quem 'você' é com orgulho. Desperte o encanto que traz dentro de si, realizando o Amor, o verdadeiro e único sentimento.

A você, Mulher Especial, confio a difusão do Canto Universal no Mundo; a você que é Terra fecunda, pronta para ser semeada, dou de presente a lembrança da sua Antigüidade, para que cada semente que há em você possa germinar."

Palavras, palavras sem sentido.

Palavras que correm como setas, ameaçadoras, enquanto a ansiedade aumenta e começa a galopar dentro do peito e do ventre. Quem sabe a verdade se cala e observa, no silêncio sem quietude que a circunda.

Não é fácil caminhar sorrindo nem mesmo neste bosque tranqüilo e sereno, que recende a resina e umidade. O bosque acolhe você em seu colo, mostrando-lhe uma infinidade de trilhas, livres, abertas, entrelaçadas e sinuosas, que se abrem ao olhar indagador.

Qual será a trilha certa do momento, qual será o caminho que me pertence aqui e agora? Pergunta sem sentido, e o bosque, de fato, me responde rindo, brincalhão: *Você sabe!*

Eu sei que não sei, mas o bosque, uma vez mais, em meio ao sussurro dos ramos, ri e diz: *Você sabe!*

Olho à minha volta procurando um sinal, quem sabe apenas um pequeno indício do percurso a seguir, mas os meus olhos não sabem ver além da realidade. Então, suspirando, fecho os olhos, recolhendo-me dentro de mim mesma, e escuto o que de olhos abertos não se pode escutar: a voz do Silêncio que canta ao redor.

Por um momento, o Vazio me recolhe em suas mãos, fazendo-me estremecer, depois me sussurra *Confie* e eu me deixo abraçar totalmente, em busca de uma quietude que meu coração não conhece.

O Vazio transforma-se em Espaço e eu corro leve e serena. Vejo-me de costas, como se fosse uma adolescente, vejo a minha roupa branca, ondulada pelo vento, e os meus cabelos que dançam, acompanhando gentilmente o meu correr. Para onde estou correndo?, pergunto-me em silêncio. Observo a relva, que se abre à minha passagem, e os ramos, ricos de folhas, que se deslocam para me deixar passar por aquele caminho que o universo está me dando de presente.

Avanço entre as folhagens, abaixo-me levemente sob uma grande árvore e entro numa pequena clareira. Tudo é macio e verde ao mesmo tempo.

Ao meu redor, discretas, as árvores me circundam e protegem. Olho sem entender e vejo.

Vejo uma velha, que parece milenar, sentada à esquerda da pequena clareira que me faz sinal para avançar.

Como é profundo o seu rosto escavado pela força do Vento e pelo escorrer das torrentes! Como são imensos os seus olhos sem tempo, como é doce o seu sorriso que Sabe! Move os dedos longos, não fala. Não precisa de palavras, tudo nela exprime todas as coisas, simplesmente.

PARA VOCÊ FAZER O SEU DESENHO, INSPIRADO POR ESTA LEITURA

Uma longa veste, sem cor, amarrada à cintura por um cordão que se move na brisa do momento.

Os meus pés se aproximam, descalços sobre o chão, tranqüilos e luminosos, sem medo. Os meus pés se aproximam e param para escutar o solo tépido e acolhedor, abrem-se diante da força que sobe do centro da Terra e se irradia por todos os lados. Dou mais um passo e as minhas mãos refugiam-se entre as suas, sorrindo. Os seus olhos me nutrem com o olhar e sinto correr, dentro de mim, rios de tempos longínquos.

Séculos do passado aquecem o meu sangue, fazendo com que eu beba na fonte da Sabedoria.

Os meus olhos dissolvem nuvens de lágrimas do tempo dos tempos, enquanto todo o sofrimento humano escorre dentro de mim, no meu peito sem palavras nem dor.

Infinitas primaveras florescem repentinamente nos meus olhos, e espaços sem limites dissolvem o meu corpo silencioso.

Tudo se cala e fala ao mesmo tempo.

As palavras não servem para contar o Eterno Mantra da Vida. A Morte dança, correndo leve como o vento, distribuindo à mancheia doces suspiros de quietude a quem pede para Saber mais.

A vida renasce forte e exuberante das cinzas do Passado, na sabedoria do presente.

Você Sabe, Você Sabe é o canto do Eco que vem da Vida, no seu eterno respirar.

Você Sabe, Você Sabe e o meu corpo estremece, voltando a estar presente. A minha respiração é intensa e um pouco ofegante. O meu coração bate no interior de meus ouvidos, fazendo ressoar o sangue que pulsa nos caminhos da minha Terra interior.

"Não Sei!", responde a minha voz no silêncio, "Não Sei", e tudo pára de repente, virando cristal transparente!

A velha ri, divertida, "Veja", me diz sem falar, "Se você diz *Não Sei*, cria diafragmas de vidro entre você e você mesma e a Verdade jaz, então, à parte. Se você aceitar que sabe, talvez não possa mais fugir do medo deste seu conhecer, e então encontre o que sempre soube, mas temia encontrar. Não existe nada que não seja Verdade!

O seu passo pode ser incerto se você se fecha a si mesma, criando tramas de fios de pensamentos inexistentes, mas isso não anula o fato de que Você já Saiba!

A mente humana cria labirintos nos quais é fácil se perder se não há claras intenções. O homem, na realidade, é covarde diante de si mesmo e não diante do inimigo.

Aperte os punhos! Com bastante força!

A sua força é surpreendente! Mas onde reside a sua força?

Na aceitação total de uma ordem dada, não no rigor da ordem em si mesma.

Quem pode dar tal ordem?

A sua Antigüidade, que jaz adormecida dentro de você!

A eterna Consciência é a sua Antigüidade.

Lembre-se! Lembre-se!".

Sussurra para mim, rindo: "Lembre-se, o meu nome é Antiga! Lembre-se, eu sou Antiga e *você é eu*, como tem de ser, sempre foi e sempre será!".

Um vento forte, nascido de seu sorriso, toma conta de mim e me ergue de repente no alto, lá onde eu nunca teria pensado poder voar.

Terras imensas, silenciosas, escorrem como rios plácidos dentro de mim, diluída no universo.

E vejo... vejo todas as coisas sem tempo e sem idade.

Passado e futuro se entrelaçam, brincando, unidos desde sempre. Como é pequeno o olhar humano quando jaz nos limites da mente!

Vidas e vidas se perseguem, já traçadas e por traçar, no Eterno Mantra da Vida.

Rumos infinitos, ligados a tempos na realidade inexistentes.

Experiências comprometidas na procura consciente do que já estava presente na Essência de cada um. Mortes e renascimentos desenrolados como grandes, enormes fios de teias de aranha, incansavelmente tecidas pelo homem, à procura do próprio centro.

O universo canta, no Silêncio, a eternidade de sempre.

Cada um está comigo e com o Todo. Cada um está e não está presente ao mesmo tempo. Pergunto-me: "Qual é o meu nome?".

E rio, divertida, da ausência de resposta! "Qual é o meu nome?" De qual vida, estou perguntando o meu nome?

De qual vida, se a vida não existe, na verdade, senão na ilusória realidade?

Como poderia ser importante o meu nome se, efetivamente, eu sou Essência, em união com todo o universo?

Como definir o que não tem definições nem limites?

Por que tentar restringir em pequenas palavras o que faz parte da magia do som universal?

Rio, rio de mim mesma!

É tudo tão simples! A angústia, o medo, a dor!

Tudo desaparece, apagado pela Consciência de Ser!

Em um súbito arrepio, encontro-me às margens do bosque. Está quase escurecendo, o fogo do sol acende o céu e se prepara para encontrar a noite que sobe, docemente, a escada das estrelas.

Tento me encolher dentro do casaco, buscando encontrar mais calor, e refaço os meus passos para casa. Sinto-me sem peso e sem idade. Caminho sem ter de caminhar, escutando o leve rumor daqueles passos que ainda não são completamente meus.

A minha realidade é delineada pela minha figura que se alonga em sua sombra, brincalhona, cobrindo a Terra.

Os ruídos da cidade me trazem lentamente de volta para dentro do meu corpo, despertando os meus sentidos.

O ouvido se funde aos sons externos, enquanto a respiração torna-se consistente e quente.

A minha pele parece um invólucro, sustentado pelos ossos, enquanto os músculos se acendem, presentes, permitindo a minha entrada solene no plano da realidade.

Pensamentos, palavras, frases, correm pela minha mente. Passado, presente, futuro voltam a tecer as suas tramas dentro de mim e eu sou Gioia novamente.

A vida reaparece entre as minhas mãos na sua totalidade, parece sem trégua.

Não se pode fugir da vida.

A vida, a vida, essa estranha livre escolha que implica uma tomada de consciência, uma fluidez de pensamentos e comportamentos que permitem a compreensão daquele significado que de outra forma não se encontra.

A vida, a vida no seu contínuo fluir sem lógica razão. A vida que escorre pelas suas mãos se você não encontra o sentido de você mesma e do seu existir no Mundo.

Como fazer entender a quem entender não quer? Como levar o dom da Vida a quem não estica suas mãos para agarrá-lo?

Não se pode doar a Vida!

Pode-se somente criá-la, na esperança de que depois ela seja acolhida e aceita por quem na vida se encontra.

Livre arbítrio!

É preciso consciência para compreender a sua incrível essência, a sua fascinante beleza! É preciso consciência e para ter consciência é indispensável observar cada coisa, cada evento, pelas infinitas facetas que comporta.

Sabe-se lá por que, quando a consciência se acende em você, uma fonte irresistível de Vida brota de repente. Para fazer com que os outros participem da sua legítima felicidade?

Por que não se consegue calar e guardar para si o que se descobriu oculto dentro da própria Vida?

O Amor que desperta por meio da consciência é grande demais para ser contido!

Grande demais e arrebatador para não transbordar!

A Unidade com Deus, reencontrada, canta a sua Sinfonia sem fronteiras, brincando com os seus pensamentos e rindo do seu espanto. A vida acontece e você vive os acontecimentos da vida no jogo das ações, das relações, nu na sua essência e consciente dos papéis que deve interpretar no palco do mundo, onde todo homem joga sua parte, de olhos vendados. Como explicar, se as palavras não têm um sentido para o Coração que ainda não sabe sentir?

Experimentar é a única possibilidade de compreender.

Você Sabe, Você Sabe! Antiga ri dentro de mim! Agora percebo saber que sempre soube!

Rio eu também com voz sonora e torno a ouvir os meus passos e as minhas mãos que se movem como instrumentos adequados a esta minha realidade física. Os meus olhos vêem novamente e o meu corpo respira o que está ao meu redor no plano da terra. A minha casa, as estátuas que ela contém, a alma de quem as esculpiu, me olham e fazem sorrir: o mundo inteiro está em minha casa. Na realidade, cada homem com a sua existência está em minha casa por meio de sua energia, incorporada ao universo para sempre!

A minha casa vive a alma do Mundo contada pelos tapetes, ricos e nômades ao mesmo tempo, pelos móveis orientais e antigos, pelos objetos de cultos e tradições diferentes, pelos tecidos bordados com conchas e símbolos eternos.

Tudo já me pertence!

O que mais procurar viajando pelo mundo?
O prazer de sentir-me em casa em qualquer lugar!
O prazer de reconhecer a mim mesma em cada ser vivo!
Sei que estou presente na respiração de cada árvore e em cada elemento. O prazer de Viver, com a mesma totalidade, cada rito e culto que leva à Essência em si, por diferentes veredas!

O prazer de viver cada aspecto da realidade, sabendo que a Verdade é única e se oculta além da superfície dos diversos comportamentos.

Gioia[1], *Gioia!* Que estranho nome que não tem sentido.

Gioia, um nome que não é um nome, mas uma emoção, um sentimento.

Gioia: a essência da Verdade da qual o mundo inteiro está impregnado! Que estranho nome este meu não-nome! Sabe-se lá no que estavam pensando os meus pais quando, cinqüenta anos atrás, me deram de presente este seu desejo, fazendo dele o meu nome!

Por quarenta anos este Gioia pesou sobre mim. Reconhecia a mim mesma nele somente quando ria de coração aberto e me sentia leve como o vôo de uma águia! Em outros tempos, teria preferido um nome qualquer, como todos os outros.

Depois, entendi! Tive de caminhar pelos vales do desespero, tive de beber o sofrimento do cálice da vida, tive de aprender a Arte de Viver e de Morrer, deixando de fugir da

---

[1] *Gioia*, em italiano, significa alegria, contentamento.

minha realidade para entender e Ser *a alegria* quieta e silenciosa que impregna a Vida desde sempre.

Rio feliz. *Eu sei* e rio deste meu saber.

Danço com leveza dentro de mim mesma. A minha Essência dança e me arrasta, arrasta o meu corpo na sua dança.

Danço a *alegria*, o vento, a paixão, o fogo, o Amor, a terra, a realidade, a água, a dor, o espaço e a agonia. Danço, danço violinos e tambores, danço harpas e percussões. Danço, danço sabendo ter sempre dançado, intensamente, todas as coisas. Foi isso que me deu esta minha Vida. Corro sem esforço, atravessando desertos que não são desertos, saltando montanhas que não detêm o meu passo, respirando nuvens que não conseguem ocultar o sol sempre presente.

O milagre acontece, pontual, sem que se tenha feito nenhum pedido.

Sem perguntas, a resposta se revela na sua essência sorridente. Caminho e olho por todos os lados o mundo e as suas cores, as formas, a substância e a essência.

Canto, rio e danço, alegremente.

Apanho cada estrela e planeta dentro do meu olhar, reconhecendo-os como parte de mim. E rio e a Vida se forma a partir do eco da minha risada. O mundo foi criado por uma risada de Amor indefinível!

Caminho com grandes passos irreais, apoiando os pés do sentimento sobre doces colinas, roçando os lagos do azul do céu límpido, bebendo o frescor das neves sem tempo,

PARA VOCÊ FAZER O SEU DESENHO, INSPIRADO POR ESTA LEITURA

ouvindo soar as trompas tibetanas, gongos que ressoam de vale em vale, até propagar-se no Absoluto. Vozes humanas se elevam, eternas, no seu canto de invocação a Deus.

Vozes humanas, unidas entre si inconscientemente, ligadas pelo mesmo pedido de conhecimento.

Vulcões adormecidos esguicham chamas. O centro da Terra libera calor, que irradia força e tenacidade ao meu corpo que não é meu, e no entanto me pertence!

Renascer para contar a Arte de Morrer.

Semear a Luz.

Correr pelo mundo, no mundo, contando a boa-nova de que o renascer é possível, é real, palpável, e pode ser vivido. Compreender cada olhar e despertá-lo para a força da Confiança e do Amor sem limites.

Apertar as mãos de cada um, que nada mais é senão aspectos de você mesmo. A Vida.

Respiro por quem não se permite ser respiração.

Olho por quem não sabe ver.

Vivo por quem conhece somente a não-vida.

Esta é a minha Vida, que vida não é!

Falo e rezo docemente, contemporaneamente.

O que é a Vida senão oração de agradecimento silencioso a Deus, que impregna a mim mesma e a todo o universo?

Crepúsculos de indescritível beleza escorrem dentro de mim, dissolvendo-me em mil e uma cores quentes e sem fim. Dias e noites escorrem no alternar-se do jogo de luz e escuridão, mostrando-me os diferentes aspectos da realidade.

Meus olhos se acendem com a claridade das estrelas infinitas, enquanto o sol e a lua se alternam dentro do meu corpo do mundo!

Sorrisos e respirações e sussurros da Humanidade chegam aos meus ouvidos, criando estranhos encantos, levando-me novamente a correr pelo mundo sentindo a sua e a minha simultânea presença.

Escuto cada homem na sua pergunta, sou a própria pergunta e respondo sem falar, por meio da unidade.

A compaixão emerge sem fim.

Doce. Suave e profunda. Muda.

E depois? Depois, alegria, alegria de despertar, de semear com mãos ternas, fortes, audazes.

A alegria está aqui, a alegria está aqui.

Acorde! A alegria está aqui!

Sementes de alegria, sementes que, leves, velejam no espaço desde sempre. Basta ser a respiração intensa e a alegria acontece, se acende, ressurge daquelas sementes, que desde sempre pertencem ao homem.

Em um gesto súbito, tiro o pó de minha mesa com as mãos.

Tocar a realidade tangível.

Nandi me olha, olhos profundos esculpidos no mármore, na espera que o deus Shiva o cavalgue.

Os meus livros diante de mim. A foto de minhas filhas.

O barulho do computador ligado.

A realidade!

Lá fora, o sol está tímido e a terra ensopada d'água mata a sede de cada planta da aridez do passado. O meu cachorro, com o seu grande e doce focinho, me observa, abanando o rabo, e me convida a brincar com ele.

Ainda sei brincar?

Sim, mas não como antigamente. Agora, talvez menos turbulenta e extrovertida. Talvez mais silenciosa e introvertida. Certamente com maior satisfação.

De fato, brinco a cada momento da minha vida no aqui e agora, sem esforço. Brinco de ser mãe, filha, esposa, amante, amiga, confidente, guerreira, médica espiritual, todas as brincadeiras diferentes e iguais ao mesmo tempo.

Transformei a minha Vida em uma Brincadeira que brincadeira não é.

O sol tenta escapar das garras do inverno, dando de presente dias tépidos e luminosos, distribuindo à mancheia a vontade de despertar, o impulso de renascer por meio de uma crença luminosa que se acende depois da escuridão fria do inverno quase acabado.

"Acorda!", canta o sol com o seu raio amigo. "Acorda!", e todo homem atento sacode a poeira do medo de ousar e procura uma consciência diferente de si mesmo.

É tempo de Viver, de rir de outro jeito, deixando cair por terra as nuvens do passado com as suas tristes lembranças. Por que, na nossa memória, não permanece o prazer de nossas vivências? Por que é tão fácil apagar a *alegria* e guardar a dureza dos embates de nossa vida?

Sabedoria, sabedoria é a resposta!

É por sabedoria que a dor fica marcada, para que, cedo ou tarde, cada um procure um caminho diferente, que conduza ao sentido da vida e ao prazer de Viver.

O passado serve para abrir os olhos ao presente, para reconhecer em nós a maturidade alcançada graças às experiências vividas.

Antiga sorri em seu olhar profundo e me mostra a quietude da clareira que cada um encerra dentro de si. A clareira da Consciência permanece imóvel e eterna dentro daquele infinito amor de que cada homem, sem saber, está impregnado.

No instante de desconcerto, nas nuvens da dúvida, no arfar do medo, a quietude daquele lugar mágico manda o eco do seu chamado para que ele seja ouvido.

Antiga ri nos seus olhos infinitos e de infinita sabedoria e mostra, com seus longos dedos sem tempo, o Caminho a percorrer para escutar novamente o chamado de nossa eternidade: "Siga o seu *sentir*, seja você mesmo completamente, deixe o julgamento de sua mente de lado e entre galopando, feliz como um adolescente, nas trilhas do fluir da linfa da Sua Vida, dentro de Você! Não traia a si mesmo por medo de errar! Aprenda a reconhecer o que *Lhe Pertence* e que a Vida manda *somente para Você!*

Seja a Sua respiração, a Sua intuição. Cavalgue o Seu sonho com todo o respeito por si mesmo. Confie em Você, que é universo oculto pelo denso véu do corpo!"

Ri Antiga, que sabe!

Ri a sabedoria, dentro de toda a humanidade.

Que estranha brincadeira, a Vida!

Cada um brinca de si mesmo, com os olhos vendados pelos pensamentos da mente e guiado, nas profundezas, pela luz interior, a fim de livrar os próprios olhos da venda, conscientemente.

Problemas que podem ser encontrados para se compreender que eles podem ser superados sem esforço. Dores que nos despedaçam a fim de que possamos nos recompor com outra sabedoria. Abandonos que se sucedem para que se compreenda que "Você existe!".

A clareira verde do Coração sussurra Amor e quietude.

Canta o infinito dentro de cada um, que jaz adormecido na sua possibilidade de ser Deus.

Os ramos das árvores mal se movem, não têm o fluir de quando a primavera os inunda de folhas, transformando-os em fluxos de vento.

Um ramo me narra os seus preparativos para vestir-se, da maneira como deve ser e sempre será. Conta-me que o tempo do florescimento ainda não se completou, mas que basta esperar e tudo acontecerá, sem esforço.

É preciso preparar-se conscientemente para a abertura que permite o florescer, dirigindo a atenção para dentro de si, a fim de que tudo aconteça conforme as leis da Sua natureza individual.

Não há esforço se você respeitar a si mesmo e os tempos do seu crescimento.

Cada coisa acontece para que você redescubra o seu caminho, o caminho que lhe permite ser o que você já é, mas ainda não reconhece.

"Você sabe", acrescenta Antiga, "que é inútil remar contra a maré. Combater-se e desafiar-se não traz proveito. Você sabe que o render-se à compreensão acontece lentamente, com a tomada de consciência de que não somos senão diferentes manifestações da Criação. Por que, então, rugir e lançar-se com raiva e rancor contra aquilo que os tantos temporais da vida podem trazer?

Por que, ao contrário, não compreender e entender a ordem natural que conduz ao crescimento de cada um? Todas as coisas falam para quem está ouvindo.

Tudo é manifestação e palavra de Deus."

A minha risada explode, de repente, subindo pelo corpo e saindo como uma pequena cascata quando me lembro de quantas vezes pedras, árvores, nuvens, me contaram as suas histórias, arrancando-me, repentinamente, dos pensamentos racionais e paralisantes do cérebro!

Quantas vezes fui tragada pelo sorridente clarão da Lua, que me falava de um plano mais sutil, diferente, de onde posso observar as dificuldades escuras e pesadas da minha vida! Fábulas sábias, recolhidas pelo meu Coração com uma folha de grama ou uma árvore antiga, testemunhas de batalhas do passado.

A abertura do Coração permite ouvir o que os ouvidos não escutam!

"Não é tão difícil abrir-se à sabedoria!"

Antiga me conta ainda, sorrindo: "Paciência, Confiança e Vontade são as chaves indispensáveis que levam à consciência do que sempre fomos e sempre seremos! De repente, se acende a pergunta de todos: quem sou eu?

E igualmente repentina se acende a vontade de correr, correr livre pelo vento da vida, sentindo que as suas voragens leves e sutis ajudam a corrida em direção ao libertar-se de si mesmos. Libertar-se da poeira da lembrança pesada do passado, deixando escorrer leves gotas de sabedoria junto com a chuva que lava a mente, de forma a libertar finalmente a alma!

Tocar com pés firmes, totalmente nus, a terra que cada um é, enquanto espaços infinitos entram pelo Coração e percorrem os caminhos do corpo, regenerando a força do universo que desde sempre pertence ao homem.

Alegrar-se, sentindo o fogo da Vida acender-se novamente nas entranhas que começam a dançar, despertando da longa hibernação criada por uma vida de aparências!

A Vida acontece de repente!

Acontece e você então sorri, em quietude na sua existência."

Antiga me olha com atenção: "Você se lembra?", me pergunta, "Quando você se ocultava dentro de si mesma, assustada com a sua própria dor, fugindo ao chamado da vida que passava ao seu lado? Você esperava o seu momento para abrir a porta! Você tinha medo de viver, pensava que a vida fosse ainda mais dor e somente dor!

Você fugia da vida e de si mesma, lembrando apenas do passado e do suplício vivido! Mas o seu Guerreiro da Verdade, sem medo, saiu um dia de seu Coração em busca do sentido da Vida! O seu Guerreiro floresceu da dor, atravessando o Umbral aberto pela destruição da ilusão criada pelo ego. Você vê?

A Vida é uma grande meditação!
Como aprender a ser a Vida?
Viver! Ousar viver!
Estar consciente da respiração que muda a cada instante e lhe permite reencontrar-se."

Caminho entre as árvores prestes a brotar escutando o rio que escorre lentamente. São profundos e lentos os meus pensamentos, lenta e profunda é também a minha respiração. Folhas macias, maceradas pelo longo inverno, movem-se no encalço dos meus passos, que vagam, seguindo com o Coração o fluxo do vento e o seu sussurrar, pois não há cansaço na existência se você compreende que é a vida na Vida.

As árvores me indicam o trajeto, mostrando-me o Caminho da quietude do Universo.

As nuvens, hoje, estão preguiçosas em suas formações no céu, querem elas também curtir esse pálido sol que prenuncia o verão que vem chegando.

Todas as coisas me falam do eterno fluir da vida a fim de que eu saboreie intensamente cada instante da minha realidade em mutação contínua.

A lua se levanta aparecendo no horizonte, sossegada, cantando o seu doce som que se expande no universo. Esplêndida lua cheia que transforma em dia o instante que o pôr-do-sol havia definido como noite. A lua canta a sua magia a todo homem aberto ao infinito e ao Absoluto, transborda e me transforma e eu rio, agradecendo o instante fugaz da Vida.

Antiga aparece, indicando-me a lua que desliza sutil entre as estrelas. A sua mão, de longos dedos finos, traça uma linha invisível que contém todo o universo.

Não são necessárias palavras. O Silêncio conta a história do infinito e do parcial, do verdadeiro e do real, do eterno e do limitado. O Absoluto cantou a sua Voz, e eu sorrio na forma do meu corpo!

Não quero mais falar.

Para que servem as palavras? São tão restritas, inade-. quadas, diante da potência universal!

Não quero mais falar.

A fala desmerece a potência do Absoluto.

Caminho lentamente e o universo, no Silêncio, indica a perfeição de cada pedra, de cada planta, de cada ser humano.

Indica o Caminho da tomada de consciência da criação.

Acendo um cigarro, criando mil rugas em volta da minha boca, inspiro aquele fino fio de fumaça que me leva a descer uma escada dentro de mim, concentrando o olhar ainda na profundidade, e mil rugas se desenham em volta dos meus olhos, que riem da minha brincadeira, enquanto os meus lábios deixam sair nuvens que se dirigem, diáfanas, ao alto.

Olho a fumaça que sobe e ao erguer o meu olhar encontro o vôo de veludo de uma imensa águia.

Um leve bater de asas e ela pousa num ramo, me observando, balançando a cabeça, curiosa com a minha presença, depois me ignora e retoma o vôo.

Penso na minha Vida, talvez eu não tenha realmente tido uma vida! As minhas lembranças perderam a consistência! Parecem pertencer a alguém que não sou mais!

"O que é a Vida, Antiga?", pergunto, de repente.

Sua Voz sem tempo ri e ela se senta ao meu lado, vestida com as suas mil rugas sorridentes! Nos seus olhos, trilhas infinitas do entrelaçar-se de caminhos diferentes.

Repentino perfume de jasmim, forte, intenso, enche as minhas narinas, quase me deixando tonta.

Antiga fala e conta sobre aquele perfume que se expande no ar, ao acender-se de cada pôr-do-sol, invocando a essência da alma de todos que, com seus passos, se põem na Terra, para sulcar as trilhas feitas de estrelas e da eternidade do infinito.

Fecho os olhos, deixo que o perfume me beba e desapareço num mundo sorridente, onde não existe nada além da *alegria* da verdadeira Vida.

"A vida é a Vida.

É o seu morrer para as falsas ilusões e expectativas.

É o seu Nascer a cada instante, sempre diferente.

É o seu Caminho à procura de si mesmo.

É o seu falso movimento externo que o leva a deter-se, um dia, em si mesmo, para se perceber lá onde *Você* nunca tinha pensado estar!

A Vida é uma brincadeira que brincadeira não é.
A Vida é *Você,* que é o criador da sua vida!"
Caminhamos juntas no Silêncio.

Palavras eternas se acendem a cada passo: Amor, Respeito, Honra, Compaixão, Sorriso, Doçura, Confiança, Caridade, Consciência.

Milhares de olhos brincam entrelaçando o seu olhar ao meu. Saboreio a quietude.

E um "obrigada" dirigido ao Absoluto brota, agradecido, profundo e silencioso dos meus lábios.

"Tudo é sem tempo e sem fronteiras. Não existe estado de separação. A Unidade é a Vida", exclama Antiga, rindo, "Tudo mais é ilusão!"

Uma xícara de café! A vontade de tomar um café chama o meu corpo à presença da terra. Café!

Quase como um risonho e imperioso comando cerebral.

Café! Há coisa melhor do que um café quentinho quando o amanhecer nos surpreende no ato de escrever sobre o nosso caminhar ao longo da trilha da vida?

Quantos cafés diferentes, bebidos nos lugares mais disparatados do mundo! Nos momentos mais estranhos! Um café freqüentemente acompanhou os momentos mais terríveis da minha existência.

Minha filha, que sei, jaz adormecida para sempre no sono da Morte. Sei, porque acabo de vê-la, vestida com a sua Morte, no hospital.

Sei que talvez, um dia, cesse aquele tremor convulsivo que sacode o meu corpo há horas, sem trégua. Sei que as minhas mãos vão conseguir, um dia, talvez, segurar as coisas como antes, sem mais tremer horrorizadas pela dor.

Sei que os meus lábios, talvez, quem sabe, um dia reencontrem o sabor do alimento da vida.

Café! Café após café.

Café como uma droga para dar-se conta do que aconteceu, para aceitá-lo, para despertar do atordoamento da dor. Café! Não tem sentido! Café! Uma necessidade absurda. As minhas mãos não conseguem segurar firme a xícara. Os meus lábios tremem demais. Não posso beber. Não posso viver. Não posso olhar minha filha estendida na Morte. Café. Café sem sentido, sem significado.

Daqui, deste "sem sentido", nasceu a minha Vida.

Séculos de sofrimento atroz em um gole de vida.

Café que os meus lábios desarticulados pedem. Cafés duplos, em xícaras grandes, em busca de um calor e de uma consistência que perdi de um só golpe, na última batida de um coração que parou. Café sem sentido, tônico falso, calor falso, força falsa, nutrição falsa. Café, café preto, tostado, que apunhala e agita o coração que não me pertence mais. Café que contrai as minhas veias e artérias, onde não corre mais o meu sangue de mãe. Terror.

Café que tenta manter acordada a consciência cruel de uma separação que aconteceu sem prévio aviso humano. Café que tenta despertar a mente entorpecida para que ela prepare os ritos da Morte.

Café que carrega e contrai e cria ondas, espasmos na circulação bloqueada da vida no meu corpo, tragado pelo sofrimento. Café forte, levemente aromático, bebido fervendo, sentada no deserto, enquanto a aragem quente do deserto ergue ligeiras e pungentes voragens de areia que ferem, rindo, as poucas partes expostas do meu corpo. Café, rito antigo que me pertence!

Cafés brasileiros, egípcios, turcos, fortes, tostados, perfumados, vigorosos, terríveis cafés americanos, aguados, horríveis de beber naquele seu modo de ser sem sabor e sem perfume! Café às margens do oceano, em meio aos picos do Himalaia, no desejo de um sabor de casa. Café compartilhado como um rito risonho de amor. Bebido sozinha na tentativa de me reencontrar em instantes de desconcerto. Café no Sinai, na espera, tremendo de frio, da alvorada da Vida.

Ah... A vida, a Vida!

Que diferença entre a vida e a Vida!

A mesma diferença que há entre um café lavado, americano, e um turco!

Rio. Ainda sei rir?

Não perdi a minha risada! Freqüentemente temi isso, freqüentemente acreditei nisso, mas depois reencontrei a alegria de mim mesma, como deve ser e sempre será.

"Para viver é preciso coragem, para sobreviver é preciso medo, é simples!"

Antiga sussurra no meu Coração.

Já me espera há algum tempo, paciente.

Espera que eu tenha acabado os meus jogos de memória para levar-me de volta ao antigo perfume de sempre.

Sorrio e os seus dedos me afagam docemente.

"Chegou o Tempo", me diz, "Tudo tem o seu tempo e o seu significado, tudo acontece no momento certo. É só confiar, só isso!

A Morte se convida sozinha, quando chega o tempo do convite. Senta-se à sua mesa, sorri ao final do seu dia, convidando você a sair de um jogo para entrar em outro, diferente e fascinante ao mesmo tempo.

A Morte se convida a si mesma, sabe que você é hospitaleira e não vai desiludi-la. Sabe, desde que você nasceu, que um dia a convidará à sua mesa para a última ceia.

A ordem natural das coisas!

Escute, é naquele momento de passagem que o perfume de jasmim se acende a cada pôr-de-sol, como lembrança da eternidade da essência de cada um.

Quando a Morte senta-se ao seu lado, elegante em seu fino traje, pode desconcertá-la, se você quiser, com os seus olhos doces e profundos, saboreando o dom que lhe traz com a sua névoa diáfana e sorridente.

A Morte é delicada, não dilacera nunca! O seu cérebro vive a ruptura, a laceração, mas a Morte é antiga demais, está ali, desde sempre como parte da Vida, e é doce como a Vida, para quem sabe colher a sua essência!"

A Vida e a Morte, eterno jogo, imprescindível, de infinita beleza.

Caminho meditando intensamente as palavras, passo a passo me levo a respirar o infinito até o Guadalquivir das estrelas. Depois, sorrindo, me dissolvo na ausência de um respiro, e bebo na eterna fonte da Vida.

O sol brilha, enquanto se põe, e ilumina com reflexos quentes, alaranjados, o estriado cinza dos meus cabelos, dando-me um aspecto de fogo. Sinto lampejos de chamas que acompanham a minha cabeça em seus movimentos, o calor me invade, meus olhos semicerram-se e a aura das árvores me aparece em toda a sua beleza.

Os ramos mortos, sem a luz da vida, mostram a sua escuridão em meio à doce e luminosa cor da essência vital que se expande para além do limite das folhas.

Magia, magia que cria a Vida para quem a Vida sabe ver.

Encontro olhos transparentes, humanos, que, embora mudos, falam ao meu Coração, narrando privações e solidão irreparáveis e assustadoras. Respondo com ondas de Amor, reassegurando mudos pedidos de ajuda.

"Unidade", intervém prontamente Antiga, "Unidade, e tudo se resolve. A descoberta de ser Unidade comporta a sábia tomada de consciência de que não existe um estado de separação entre você e o exterior, mas tudo já é, sempre foi e sempre será!"

A sua risada aberta e universal ressoa, acendendo em mim clarões de vidas anteriores, e lentos camelos aparecem em meus olhos, caminhando com passos vagarosos no veludo da areia do deserto.

Pirâmides silenciosas aparecem como imagens trêmulas pelo efeito do ar quente.

Vejo-me sentada na larga e cômoda sela de um dromedário e escuto as vozes sem tempo, feitas de sons aspirados e guturais, que conversam, em árabe, enquanto o bamboleio do passo cria em mim um estado de torpor que quase me faz adormecer lentamente.

Não há movimento ao redor, somente longas sombras que deslizam sobre a areia ocre do deserto.

Quanto tempo faz que estamos em movimento? Dias? Sim, dias inteiros, percebo pelo cansaço dos meus membros e pela vontade que sinto de finalmente chegar.

Que vida? Que vida estou re-experimentando e por quê?

O meu rosto tem poucas rugas, mas tão profundas que parecem arranhar o osso debaixo delas, na secura da pele.

Os meus olhos, apenas entreabertos para se defender dos raios do sol, já sabem ver o que os olhos da mente normalmente não colhem.

Estou para morrer, eu sei, falta pouco tempo. O cansaço especial que sinto e o profundo silêncio interior me contam a minha Morte que logo acontecerá.

Não há sinais de medo, ansiedade, nem desejo de continuar a viver, de não-aceitação, somente "compreensão" de alguma coisa que esgotou a sua função.

Chegou a hora de me retirar, assim como o sol, naturalmente, para encontrar a brisa fresca da trégua, do repouso na ausência de respiração.

Cada coisa está concluída e definida, nada ficou em suspenso. Tudo foi encerrado, cumprido, e isso me permite parar de viver, tranqüilamente.

Percebo tudo com serenidade, enquanto espero que a Morte se libere dos seus compromissos para pensar em mim!

Quantas vezes em minha vida atravessei o deserto!

O mesmo percurso de ano em ano, seguindo o sol e escutando o fluxo do vento! Como conheço cada grãozinho que desliza criando um doce sussurro, deslocando-se no eterno jogo das areias!

Dias longos como séculos. Não é fácil, a vida! Não é fácil.

Chegou o Tempo e a quietude jaz dentro de mim.

Você sabe, você sabe.

Os olhos de Antiga se acendem e eu sorrio.

De fato, eu sei.

A voz de minha filha me chama à realidade, atendo o telefone. Reasseguro-me de que está falando comigo e suspiro.

Quando cada homem despertará para si mesmo? Quando acontecerá o doce despertar sorridente?

Retomo os meus pensamentos, que eu havia deixado ali, em cima da escrivaninha, como objetos, para ficar livre para deslizar ao plano do Absoluto e visto novamente o meu corpo que, como um traje, jazia sobre a cadeira! Rio!

Não é fácil entrar nos diversos aspectos da realidade e depois sair quando a Verdade é soberana!

Quem pode realmente entender? Quem experimentou!

A vida escorre em contínua transformação, a Vida acontece. Olho-me no espelho e vejo a minha velhice, que contém nos olhos a minha eternidade. Olho-me no espelho e aumenta o Silêncio, o olhar se dissolve e me vejo novamente, agora, caminhando ao longo de um deserto pedregoso.

É um passo cansado, um pouco arrastado. As costas curvas levam o meu olhar ao chão cheio de pedrinhas que refletem a luz do pôr-do-sol. O sol divide a sua luz em milhões de fragmentos, envolvendo todas as coisas com o seu esplendor. Levanto o olhar com esforço, sinto ranger os meus velhos ossos, a minha cabeça está um pouco trêmula, os olhos vêem através de uma leve nebulosidade, mas eu sei que o infinito está criando a sua magia.

A beleza cresce com o pôr-do-sol.

O fogo parece surgir no deserto, à medida que ele se acende com os cumprimentos e as despedidas do sol. Sei que vou morrer. Estou procurando o meu umbral para depor os meus ossos ressequidos pelo tempo.

Sei que vou morrer.

Estou escolhendo a estrela sob a qual adormecer com a paz e o sorriso nas minhas profundezas.

Sei que vou morrer.

E procuro o meu lugar para morrer.

Apenas um lugar me pertence.

"Qual?" Pergunto-me em vão, como se a minha voz saísse de um interior vazio.

Uma rocha me chama a atenção com a sua luminosidade. Estranho, a lua cheia surgiu e eu não havia percebido!

A rocha, quente, me convida. Oferece-me a sua força, a sua antigüidade, a claridade que absorve da lua.

Mostra-me um catre cômodo, liso, fascinante de ver e quente ao toque.

Volto ao útero da Terra e sinto a sua grande mão acolhedora. Confio. Sei que posso fazê-lo.

Confio e, lentamente, me deixo escorregar em uma reentrância. Cheiro de umidade e de calor antigo entra pelas minhas narinas. Reconheço a Terra, a grande Mãe Terra, terna, envolvente, segura e quente como quando nos entregamos.

A estrela aparece, Orion me observa e mostra a sua espada na bainha do cinto. Orion olha as Plêiades, paralisadas na fuga e isso me lembra do meu passado *guerreiro*. Depus as armas há muito tempo.

Depus, depois que a Vida me deixou exangue, depois que o meu sangue criou rios e fontes e mares e abismos de dor. Depus as armas.

Lição aprendida.

O orgulho, rasgado e queimado, voou com o sopro de vento da vida. Morrer e renascer no mesmo segundo. Morrer e renascer.

Calo-me, lendo o meu Silêncio enquanto ele me conta eternas harmonias e doces canções de ninar.

Deixo-me adormecer na lembrança dos passados, na dureza das vivências em busca da Verdade.

Caminhei. Caminhei. Quanto caminhei.

Os meus pés estão esgotados, dilacerados por esta minha perseguição do sentido da vida. Orion brilha e me dá o seu apoio, feito de respeito por quem se reencontrou.

As Plêiades, agora que as armas foram depostas, podem dançar!

Fecho os olhos. É assim que quero morrer.

A imagem da minha estrela dentro de mim. A estrela que é o símbolo da minha Vida, nas suas derrotas e nas suas vitórias e na paz alcançada.

Estou sossegado, sou homem, sou velho e antigo. Fiz o que podia fazer, não sei mais nada.

A Morte sussurra o seu canto, elevando leves suspiros na noite.

Mil vagalumes se acendem dentro de mim e, chorando, chamo a Morte para mais perto. Quero ser aquela Morte. Acabei o meu percurso.

A Luz me espera desde sempre e eu desejo bebê-la até me fundir com ela.

A Morte canta mais alto e um turbilhão de imagens se abre ao meu olhar cego. Em um segundo revejo o sentido de mim mesma no conjunto das minhas vidas.

Provo novamente todo o percurso em direção à Verdade e, sorrindo, respiro a Morte e encontro a Luz de sempre.

O telefone está tocando há algum tempo, o seu chamado me traz de volta à realidade e o meu coração bate sobressaltado, fazendo-me sofrer. A voz volta a sair pelos meus lábios, sabe-se lá que parte de mim está falando enquanto eu ainda procuro a consistência do meu corpo terreno, tentando aplacar o pulsar de meu coração enlouquecido.

Voltei ao meu corpo físico rápido demais.

Freqüentemente me acontece e a dor no peito é sempre a mesma.

Respondi repentinamente demais ao chamado da vida condensada, me contraí no estojo da pele e dos ossos rápido demais.

A dor não passa, falo sem ser eu mesma, na verdade, a falar. Deponho o telefone e me deito.

Preciso de tempo para me reapropriar deste traje, emprestado, feito de carne. Respiro lentamente, tentando expandir o meu corpo, torná-lo mais amplo, para que o coração se dilate e se acalme.

Estou de novo no útero da Terra, a rocha lisa me sustenta na minha morte sem esforço, e depois me elevo, me elevo docemente, observando cada aspecto do lugar e do corpo que vestia.

Sorrio, pareço um montinho de ossos coberto por uma túnica pesada e esfarrapada. O meu cajado está lá, inerte.

Talvez alguém, um dia, o recolha e descubra a sua magia. Amo meu forte cajado, forjado pelo tempo, feito da madeira de uma oliveira secular. Amo o meu cajado, símbolo fiel da eterna busca da Vida.

Elevo-me, bebendo as estrelas e cantando para a lua a sua poesia preferida. Elevo-me, levando o sabor da lembrança da aventura da Vida. Elevo-me, e milhares de olhos sábios sorriem e me acompanham e impregnam, proporcionando-me a embriaguez do Despertar.

O coração se acalmou.

Antiga sorri, sentada ao meu lado, convidando-me a viver. "É fácil morrer, você sabe. Difícil é aceitar a vida quando se bebeu no cálice da própria Vida.

Descanse e sorria. Durma. Descanse.

Os seus dedos descem sobre minhas pálpebras e mergulho em um sono profundo.

Os guizos ressoam, no jardim, movidos pelo vento que os faz dançar. Doce despertar. Calo-me, escutando com todo o meu ser. Levanto-me lentamente, abro a janela e a Porta do Absoluto está lá. Nela estão pendurados pequenos sinos, símbolos do despertar para a Vida.

A Porta do Absoluto, alta e soberba na sua simplicidade, mostra o que não existe senão no cérebro humano: o fingir. O fingir acreditar que exista um estado de separação. A ilusão de que se viva nos limites e fronteiras dos opostos, quando na realidade existe somente a Unidade.

Porta que porta não é.

Duas colunas, galgadas por um arco, em volta e por todos os lados Espaço. Uma Porta que não leva a nada, porque tudo é e sempre foi.

Uma Porta aberta que conta que não há o que abrir. Tudo já está aberto desde sempre, é só olhar!

Tocam os guizos como um aviso ao homem que quer compreender. Tocam os guizos naquele lugar mágico, para quem entende a magia. Parece uma brincadeira, mas brincadeira não é.

Quem quer o Despertar descobre a Porta e encontra o Caminho.

Preparo um sanduíche, faz tempo que não como nada. Engulo com mordidas vorazes o pão e saio para escutar, no jardim, o canto da fonte. Antiga me espera, absorta em sua eternidade, pronta a me contar sobre a Vida, respeitando o meu tempo e a minha liberdade.

Sento-me ao seu lado, sem pressa, e ela continua calada, me dando o tempo necessário.

"A pressa existe, mas é má conselheira! A Paciência é a chave da Vida," me relembra um soprar de vento.

Uma borboleta amarela sai de uma flor e voa, curiosa, escolhendo a sua próxima meta. Vôo eu também, com leveza, e estou pronta para escutar. A minha mente se acalma e no Silêncio ela fala.

"Escute, você ouve o sussurro do cipreste? Você percebe a linguagem universal?"

Concordo, sorrindo. Reconheço a Voz do Absoluto, me pertence desde um tempo infinito.

"Veja, nem todos os homens ouvem o que deveriam ouvir. O universo fala e conta a todos, mas alguns são surdos à Voz do profundo.

Você sabe, o Silêncio é necessário, para ouvir!"

O cipreste balança, o seu topo embalado pela brisa, e deixa um rastro luminoso de energia cintilante.

Olha para mim e suspira, preservando o seu sussurro ao vento, para que ele o leve a quem o sabe escutar.

"Nada se perde ou é desperdiçado, o universo a tudo acolhe e contém na sua unidade, para sempre", narra o cipreste a ondular: "Olho ao meu redor há tempos. Há muitas vidas observo o homem em sua busca. Se você soubesse quantos caminhos o meu olhar vislumbrou, estou aqui há tanto tempo! Sou antigo, antigo, antigo! O vento tantas vezes pediu a minhas sementes que transportassem consigo na planície, no jogo de suas voragens e eu as dei, dei a mim mesmo, sem esforço. Nunca emitiram juízos as minhas frondes, nunca duvidei da exatidão dos acontecimentos. Seguidos raios me atingiram, muitas vezes a terra brincou duramente com as minhas raízes, medindo-se com as minhas forças. Nunca emiti um lamento! Nenhuma dúvida penetrou a minha linfa.

Reconstruí, regenerei, morri e renasci da semente de mim mesmo na eternidade de minha crença na Vida.

Por que o homem duvida do seu caminho? Por que se aflige e se culpa? Por que, firme nas suas raízes, não mostra a sua força e o seu poder eterno nos acontecimentos da vida, na compreensão de que tudo é como deve ser e sempre será?

Vejo o homem caminhar com as costas curvadas, o rosto encovado, confuso, esquecido do seu pertencer a Deus. Eu o vejo trêmulo e ansioso ao mesmo tempo. Assustado diante dos naturais movimentos da sua Terra interior. Por quê?

Sussurro a minha palavra a quem, em seu caminho humano, repousa, apoiando as costas no meu tronco. Afago com o meu silêncio de paz a quem a ansiedade transmite com a respiração! Mas quem consegue escutar a linguagem universal que cada nuvem, cada chuva e cada sol transmitem, continuamente, como voz de Deus? Quem, amiga minha, sabe?

Não estou desalentado, nenhuma expectativa reside em mim!

A minha linfa corre, vital, como deve ser, em eterno tributo à Vida e ao seu significado.

Mas quem se detém para me contar as lendas dos seus medos para que eu possa afagar o frêmito das falsas ilusões da vida?

O homem perdeu a si mesmo e vaga errante, cego e surdo aos infinitos chamados para o despertar do Absoluto!

Sabe, houve um tempo em que a vida era muito diferente!

O homem brincava e convidava a natureza a manifestar-se, pedia ao pássaro e ao seu vôo que falassem, observava o fogo enquanto as fagulhas contavam uma história que todos podiam perceber em sua essência. O homem brincava, inocente, com todos os elementos, escutando e compreendendo o que o universo manifesta desde sempre.

O homem sabia que a criação era para ele, somente para ele, em eterna memória da presença de Deus.

Tantas vezes o homem criou mitos e lendas, narrando-as com o seu canto, elevado a limites infinitos. Tantas vezes viajou em busca da fênix que pudesse proporcionar certeza à dúvida da mente.

Quando o homem busca, tudo já está presente! Tudo se encontra ao alcance da sua mão, é só esticar os dedos, sem esforço ou dúvida, e tudo existe já!"

Escuto e deixo deslizar dentro de mim, ao longo dos rios das minhas veias, cada sussurro do antigo cipreste.

Não sinto melancolia ou tristeza, percebo um estremecimento e depois a paz dos meus dedos, abertos ao toque da Vida.

Calo-me e sorrio. A Vida entra.

Tenho as mãos abertas, sem tentar reter nada.

A Vida entra e sacia toda a minha sede de respostas, tolhendo o nascer de perguntas. Abro as mãos ainda mais e estendo-as ao sol para que eu possa beber à sua Luz e ao seu eterno fogo que queima a sombra do passado. O meu sangue ferve e me torno evanescente, sou fogo e como fogo ardo, e me acendo, e queimo, transformando-me em milhares de pequenas fagulhas.

Subo, subo levada ao alto pelo meu próprio calor e o mundo desaparece e sou Infinito.

Sinto os olhos de Antiga, percebo a sua presença assim como sinto que sou Tudo e Tudo sou eu.

Sorrio – como não sorrir diante de tanta doce imensidão? Ser tudo e nada ao mesmo tempo.

Vazio e cheio! Como não sorrir?

Pulo. Salto de nuvem em nuvem e, a cada salto, vôo mais alto, leve, sem o meu corpo. A minha energia se impregna e funde com todas as coisas e, a cada movimento meu, o universo se move comigo e em mim, brincando a minha brincadeira sorridente!

Paro subitamente e escuto o canto do infinito, aquele canto que gera e impregna cada aspecto da criação.

Escuto e me transformo, participo e sou o infinito.

A lua gorjeia a sua voz, despertando-me para a presença das estrelas e a fonte me leva, com o seu delicado rumor, ao meu jardim para observar o cipreste, embalado pelos sonhos da noite. Todos os pássaros dormem em companhia das estrelas.

Ninguém está sozinho, sozinho de verdade, e o canto dos grilos se eleva, repentinamente, em confirmação!

Terna é a noite para quem a sabe ouvir, para quem sabe vestir a sua escuridão e nela adormecer, embalado pelo doce murmúrio do Absoluto.

Inspiro e o meu corpo está lá, pronto para ser vestido até ficar usado e gasto até que as traças das experiências vividas e cumpridas o tenham tornado imprestável.

Visto o meu figurino de cena, me encolhendo e respirando, brincando desta vida; depois, levando os pés à minha terra, retomo o meu caminho, como deve ser e sempre será.

Infinitos despertares ressoam dentro de mim, criando cascatas de vidas, fundidas na eterna busca do sentido da Vida. Milhões de gotas de intermináveis instantes, vividos sob o signo do orgulho humano no seu mais profundo significado!

A busca do sentido da vida, rejeitando a casualidade, exigindo a descoberta de ser, conscientemente, o que sempre se foi, mas nunca se tinha experimentado.

A experiência se forma caminhando, forjando o passo em meio a abismos de agonia e pedreiras escorregadias, traiçoeiras de lamentos e de medos. O passo se forma lentamente porque lenta é a subida ao cume de onde já estamos.

A luz se acende ao longo do caminho, mostrando lampejos de infinita beleza e de alegria profunda, que traz a comoção, enquanto um *obrigado* sai borbulhando entre mil sorrisos.

Duro é o caminho se a pressa o empurra e você cai, no afã e na ânsia da busca.

A pressa confunde a livre escolha do Caminho e é fácil, então, perder-se nos pântanos da ausência de movimento.

Certo é o caminho paciente, atento e consciente na sua clareza, tranqüilo na fé de que o que se deve encontrar chegará.

Os meus pés medem o quarto, o meu ninho, ponto de encontro e de trabalho comigo mesma desde sempre. O meu ninho muda de forma aparente conforme a realidade variável do momento, mas permanece o mesmo lugar de quietude e de busca na essência.

Agora os meus olhos perscrutam o verde da grama que cresce, tenra e frágil, recém-nascida, incerta e curiosa com a nova vida encontrada.

Os meus pés, com longos passos iguais, medem o meu quarto e sentem a necessidade de ampliação.

Uma sede de expansão emerge há muito tempo.

Quantas vezes esta sede apareceu dentro de mim, impedindo que eu me deitasse sobre as glórias conquistadas, me obrigando a retomar um caminho que eu sabia que me levaria *além*? *Além* onde?

Descobria isso lentamente, à medida que entrava no desconhecido, deixando para trás tudo o que, a esse ponto, me era conhecido e certo.

Desafio? Não! Sede de saber. Sede de conhecer o que eu tinha entendido que não possuía limites.

PARA VOCÊ FAZER O SEU DESENHO, INSPIRADO POR ESTA LEITURA

Sou antiga, eu sei. Sou Antiga, eu sei.

O meu rosto é o seu e o seu sorriso nasce e brota a partir de mim. Do conjunto do meu passado, antigo e eterno ao mesmo tempo.

Eu gosto de Antiga. Eu gosto de ser Gioia.

Em Antiga me recolho no momento solene do encontro comigo mesma, em que visto o traje do tempo.

Nela me reencontro, sorrindo, quando a Vida me desperta com as suas tempestades e eu ardo, atingida pelos raios, e me despedaço sob a força das suas setas.

Reconheço os meus longos dedos de energia que tiram as dúvidas da mente de quem está disposto a compreender a si mesmo, sem medo de embrenhar-se na escuridão da incerteza.

Antiga ri em mim e me indica o Mar sussurrante, a sua sabedoria.

A onda me arrebata com o seu falso movimento e eu deixo o meu quarto e vôo como uma águia sobre o Mar.

Branca é a minha cabeça. Recurvado o meu bico. Agudo o meu olhar firme no horizonte.

As asas deslizam no vento assobiando, enquanto o perfume da brisa marinha enche o meu olfato.

Reconheço o Mar como pertencente a mim, assim como o Pico que as minhas garras, firmes, tocaram.

Reconheço a corrente. O sobe-desce da vida.

Posso voar! Aprendi muitos anos atrás, depois de ter ficado parada por muito tempo, medrosa, sobre uma escarpa rochosa de minha existência.

Vestia ainda o traje da dúvida e do medo quando, um dia, me dei conta de que o meu olhar tinha se tornado agudo, preciso e orgulhoso! Tinha vestido uma plumagem branca, feita de penas macias, recém-geradas. O Vento da Vida me convidava a confiar no vazio que via à minha frente naquele momento. Empurrava-me por trás, levando-me a abrir as minhas asas e voar, senhora do espaço. Longos dias passei observando a mim mesma titubeante, sentindo o impulso atraente do Vento.

Longos dias passei, parada, observando o espaço vertiginoso à minha volta, incapaz de aceitar o vazio!

Depois, de repente, o vento aumentou e senti as asas se escancararem no vôo.

Medo. Dúvida. Tudo desapareceu em um segundo.

E em um segundo percebi a embriaguez do vazio em volta e dentro de mim. Voei, voei sem mais parar, enquanto as plumas assobiavam, brincando com o vento amigo, descobrindo a leveza do vôo que acompanha quem acolhe o vôo dentro de si! Aprendi a pousar sobre a terra e a elevar-me a grande altitude para dissolver a neblina da mente. Voei nas voragens das tempestades da vida e ressurgi sempre, desde então, à Vida.

Como narrar a embriaguez do Vôo a quem não sabe colher o Vôo?

São necessárias raízes bem profundas dentro da própria Terra para voar a grande altitude.

Mas quem estaria tão disposto a penetrar nos meandros obscuros de si mesmo, perdendo o próprio significado humano, individual, na urgência de encontrar o sentido da vida? Só um louco! E eu sempre, como louca, caminhei em busca da Verdade. Eu, louca, segui os rastros de sangue de cada uma das minhas feridas para descobrir-lhes a origem e curá-las, sem ouvir o meu próprio grito de dor e de medo.

Louca.

Eu fui a Loucura da busca do *porquê* da vida.

A loucura me deu o seu prêmio, sorrindo com doçura, justamente quando a vida parecia ter-se descolado do meu corpo e da minha mente. Justamente quando eu jazia destruída, sem mais palavras, nem fôlego, nem sangue nas veias.

Então o universo ressoou o seu Canto e eu me levantei escutando-o para sempre. Reunida à minha Terra, sem palavras nem perguntas.

Tudo tinha se apagado e naquela total escuridão eu havia reencontrado a Luz.

Antiga ri e me convida a me mexer. Chega de falar!

Aja. O mar deve ser atravessado! Uma ponte deve ser criada. Uma ponte entre o oriente e o ocidente, uma ponte que, ampla como um arco-íris, toca, funde dois mundos que nada são senão unidade.

Sorrio e recolho as minhas vestes: visto os meus ossos e a minha pele, respirando o jasmim que entra com o seu perfume.

Decido a minha viagem, aventura nova da minha Vida. A mala está pronta desde sempre. Recolho os meus pensamentos e os enfio, como trajes, dentro da minha mente!

Recolho as minhas palavras que jazem aqui e ali, espalhadas por todos os lados, e ponho no bolso as sementes de Sol que a minha Terra constantemente produz. A minha mala está pronta e tem a leveza do pó de estrelas.

Fecho a porta do presente atrás de mim e entro no vôo da águia que sabe transformar o Vazio em Espaço.

Antiga, de pé com os braços cruzados sobre o peito, me observa com um olhar meio brincalhão, com sabor de antigüidade. Amo aquele olhar profundo, meio irônico!

Eu gosto de rir.

Expando-me, rindo ao infinito, até ser Absoluto.

O Silêncio acontece. Corro agilmente.

Dissolvo-me e olhares sorridentes atravessam as minhas falsas fronteiras. Sorrisos permeiam os meus lábios que verdadeiros não são e galopes infinitos cavalgam as minhas veias que sabem de estrelas e de cometas, de desertos e de infinitos caminhos.

A aurora aparece e a beleza acontece.

Mil tambores explodem em mim. Mil tambores e milhares e milhares e milhares e milhares ainda, sem trégua.

E milhares de tambores chegam de todos os lugares a despertar o meu Silêncio, e milhares de tambores me colhem pelas costas e milhares ainda ressoam dentro do meu Sentir que se torna um som antigo e eterno, até me fazer explodir em um único ritmo urgente, a Terra.

Terra. Terra. Eu sou a Terra.

Cada homem, com o bater do seu coração, é a minha Terra.

Eu sou a Terra que canta com o Universo o Eterno Mantra da Vida. Eu sou o Universo que trança tramas sutis de energia com os infinitos percursos que o homem traça em sua vida, a fim de reencontrar a si mesmo.

Despertar o Canto e a Honra de cada um para descobrir o respeito por si mesmos.

Onde estão a alegria e o contentamento?

Devo fazer com que se descubra onde cada um escondeu a si mesmo, a própria inocência, a própria vontade de brincar a aventura da vida! Criar uma ponte feita de consciência que conjugue Coração e Mente, inteligência e sensibilidade, para poder saborear o sal da Vida: a sabedoria.

Brincar de todas as coisas integralmente, com leveza, sem superficialidade, sem esforço, mas com curiosidade e atenção.

Antiga fia a lã na roca da Vida, em silêncio.

Por toda parte, ao redor, tramas tecidas gentilmente pelos seus longos dedos carregados de Amor. Tramas diferentes no feitio e na cor, na substância e na forma.

Todas com um único fim: unir-se para desenhar o Infinito!

Videntes, Siddha de antigas linhagens, executam passos sobre a terra, transformando e reduzindo a Palavra do Absoluto em termos restritos e estreitos, adequados à mente de quem ainda não despertou para a vida.

Longos caminhos, longos despertares, levados adiante com paciência infinita por quem já experimentou a paciência em si e conhece a sua dureza e a sua lei orgulhosa.

Difícil descer dos altos Cumes que exalam a quietude para dirigir-se a vales prenhes de movimento e de barulho.

Difícil caminhar para quem dissolveu o próprio passo nas águas da Eterna Juventude. Silêncio.

O Silêncio, sussurrado por cada fronde, rio e riacho, nutre o Siddha viajante sobre a Terra.

Dissolver as falsas fronteiras! Mostrar espaços infinitos a quem vive nas tramas da mente, limitado ao próprio território individual, esquecido da própria universalidade!

O cajado da vidência, trovejante, forte e antigo ao mesmo tempo, acompanha Siddha no seu caminho, dando-lhe poder de Despertar e de chamar à Verdade.

O Silêncio está presente por trás das falsas palavras pronunciadas, constrangidas pela forma dos lábios humanos, enquanto o Infinito reina soberano no canto eterno do Mantra da Vida.

Palavras, palavras sem sentido.

Procuro correndo um raio de sol no qual me refugiar para ser aquecida. O sol me acolhe palpitando e o prazer me impregna difundindo calor e luz dourada dentro do meu corpo. Como é lindo o calor.

O sangue se ilumina e escorre mais facilmente pelas minhas trilhas, torna-se fluido e alegre, ri e borbulha de contentamento, enquanto o fogo do sol abre caminho iluminando o meu traçado físico, humano. Deito-me e deixo que o sol brinque comigo. Abro-me totalmente à sua luz. Não temo que me queime, nem que me torne árida. Eu não sou o meu corpo, e nunca serei.

Sou livre para entrar na concha que é a pele e sair dela.
Sou livre, eu sei, e é esta a parte divertida.
Posso mudar de traje.

Posso desempenhar qualquer papel e função, mas nunca mais serei nada além de mim mesma: o Nada sorridente que brinca na vida, para despertar a Vida.

O caminho é longo e árduo ao mesmo tempo, não é fácil encontrar a Verdade para além dos aspectos da mera realidade.

É preciso escavar, escavar dentro de si, firmes na intenção de encontrar a essência do Caminho.

Olho ao meu redor: a mente seguidamente faz correr o pensamento, que achata todas as coisas, tornando-as lineares, tirando a profundidade do verdadeiro *sentir* ligado ao Coração.

Quem sou, quem sou? A pergunta a ser criada.

Quem sou e por que *eu sou*?

Corro entre cúmulos-cirros, feitos de dúvidas e medos que, altos e espessos, recobrem o céu interior de cada um.

Corro em busca do Sol da consciência que ilumine, com a sua luz, quem não tem medo da clareza.

Quero rir, rir junto a quem descobrirá que Tudo já existe dentro de si mesmo! Então, como se fosse creme batido, leve e doce, recolho com a mão do Coração os cirros da mente de cada um e, sorrindo, os devoro como faria uma criança gulosa.

Sinto a sua inconsistência. Sei que são um meio para reencontrar a própria sabedoria!

Rio enquanto devoro as falsas nuvens dos medos da mente e então, a serenidade, a quietude e a imensidão acontecem sem esforço!

Respiro o azul transparente.

Caminho e observo e vivo o reflexo de cada homem que se move sem saber ainda a direção certa.

Mesmo nos momentos de escuridão, de dificuldade, a estrela polar reflete a luz do sol para quem sabe erguer os olhos em direção ao infinito. A Luz brilha noite e dia para quem decide ultrapassar as próprias fronteiras até alcançar o Guadalquivir das estrelas.

Sussurrando palavras eternas, procuro despertar a memória antiga de quem vejo vacilar diante dos obstáculos da vida. Respiro por quem está sem fôlego como resultado de um contínuo correr inútil e extenuante, pela falsa compreensão do tempo e da matéria, no desafio a si mesmo, com raiva e com furor. Cada homem encontra a si mesmo no outro que desliza ao seu lado na vida. Cada homem foge do outro assim como está fugindo de si mesmo.

É madrugada. Não consigo dormir.

Mil palavras se acendem, iluminando o escuro do meu quarto, transformando em luz o que é escuridão.

Levanto-me e desço os degraus que levam ao jardim. Caminho sobre o calçamento, depois me embrenho entre as macieiras, deixando uma carícia sobre o tronco do cipreste secular que é o guardião da minha morada. As macieiras sussurram entre si. Contam umas às outras as aventuras do dia que passou. Contam de novos ninhos e de vôos de pássaros, de nuvens que trazem mensagens de lugares distantes e do sol que as impele a crescer e a frutificar. Caminho silenciosa sobre a grama, escutando a mensagem do mundo que jaz adormecido em si mesmo.

Centenas e centenas de vagalumes dançam ao meu redor, criando jogos feitos de anúncios luminosos, falando a linguagem da intermitência.

Detenho-me observando a ausência de minha sombra.

A lua ainda não apareceu, está dormindo além do horizonte. Não ouço o seu canto intenso no infinito.

De repente, bate um sino na noite e diz:

"Por um instante, homem, livre-se do tempo e do espaço. Ponha o mundo de lado e torne-se um Mundo dentro de você mesmo!".

Quem, no seu sono, escuta este chamado? Quem está pronto a abrir os olhos para o sentido da vida e de si mesmo?

Tudo cala no seu dormir. Tudo repousa no sono da inconsciência. Aguço os ouvidos ao eventual rugido de quem decide rebelar-se contra o conformismo da vida, as leis, os juízos limitantes da mente, para procurar, finalmente, o significado do próprio Ser aqui e agora.

Silêncio.

Tudo cala no seu dormir!

E a vida escorre no seu tique-taque sem sentido. Olho ao meu redor, os grilos cantam, docemente, acompanhando o cintilar das estrelas. Uma pergunta muda surge da minha mente e Antiga me olha com o seu sorriso que ilumina a noite escura e responde:

"Certo é o Caminho que cada homem sulca no seu contínuo 'transformar-se'. Certo é o resultado que cada homem obterá.

Certo é o retorno à Consciência do seu pertencer à unidade com Deus! Certo é o seu Despertar.

Certo é o reencontro com a própria Humanidade verdadeira!

É preciso tempo! Cada um precisa de seu tempo, uma vez que a capacidade de cada ser humano é diversa.

Paciência, lembra? Paciência!

A Paciência é a chave da Vida!"

O sino emite ainda os seus repiques. Bate a cada meia hora e chama a atenção de quem está pronto para escutar de outra forma o seu som.

Caminho entre os vagalumes, movendo-me lentamente para não atrapalhar a sua dança. Não parecem se dar conta da minha presença! A relva parece mergulhada em um cintilar de estrelas pulsantes. Olho os meus pés tocar a grama molhada pelo orvalho noturno, não vejo a minha própria sombra.

A minha sombra, onde está a minha sombra?

Eu a abandonei muito tempo atrás.

Eu a deixei dissolver-se nas águas da minha vida, no silêncio da busca da Verdade. Perdi para sempre a minha sombra no instante absoluto da Luz reencontrada.

A Voz universal dizia, uma vez, dentro de mim: "Deixe-se absorver, a cada instante, pelo Vento da Vida, até *você* ser a própria Vida!".

"Lembra, Antiga, que luta e esforço executar a ordem daquela Voz? Lembra, Antiga?

Dentes cerrados na dor, nas dúvidas, no medo, escutando aquela Voz, contínua e atordoante, que falava dentro de mim mesma, repetindo:

'Deixe-se absorver pelo Vento da Vida, a cada instante, até *você* ser a Vida!'. Lembra, Antiga, quantas vezes gritei com todas as minhas forças:

Como? Como? Eu gostaria de me dissolver no Vento!

Mas como deixar o peso que me sufoca e me mantém na impotência? Como?

Como sair das teias de aranha compostas de dúvidas e de pensamentos da mente, de juízos e de medo de ousar?

Qual é a porta certa a abrir para encontrar a leveza da liberdade, mesmo vivendo dentro da minha realidade?"

Antiga sorri e relembra, comigo, o carrossel de minha vida no passado. Buscava o significado do meu sofrimento humano. Buscava o objetivo da vida.

Eu queria clareza! E clareza procurei com todas as forças. Não me importava morrer. Nada podia me deter em minha busca, estava disposta a tudo para *entender*!

É estranho o caminho que encontra quem decide seguir a própria Crença a fundo.

A Luz espera desde sempre. A Luz está escondida por todos os cantos, para além de qualquer pensamento seu, obscuro e limitante. A Luz é como o Sol, sempre presente acima das nuvens e dos movimentos da sua Terra.

Caminho sobre a relva, acompanhada pelo cintilar das estrelas e com um passo entro no Círculo Sagrado, passando pela Porta do Absoluto.

Os ciprestes circundam uma clareira pequena, verde, redonda, em cujo centro se move com o vento uma árvore de milhares e milhares de folhas ondeantes.

Criei este espaço para encontrar, em quietude, o centro de mim mesma.

Tracei um círculo no chão, delimitando-o com verdes ciprestes, como lembrança da provisoriedade da vida, e pondo ao centro a Árvore da Vida Universal.

Cada folha daquela bétula narra, com seu movimento, a história infinita da humanidade e dos infinitos sentimentos e pensamentos que nascem e morrem eternamente, formando a Essência da Criação.

Os guizos, pendurados por todos os lados, tocam, movidos pela brisa do vento noturno. Dou voltas, caminhando em sentido anti-horário, apoiando bem os pés sobre a grama.

Respiro lenta, profundamente, e traço, com a Energia do Coração, um Caminho, composto pela luz das estrelas, que possa iluminar a Trilha de quem procura, no escuro dos seus pensamentos, o seu próprio caminho.

Paro. Sintonizo a minha respiração com a batida do coração e começo a rodar sobre mim mesma. Antiga junta-se a mim e a Energia se expande inundando o mundo.

Rodo, com os braços abertos, o pé esquerdo enraizado na terra, até que uma luz enorme, cálida, se acende ao redor. Danço, danço.

Danço à lua que surge cantando e ao mundo que abre os seus caminhos ao Absoluto, que fala no Silêncio, desde sempre. Luz. Cruzo os braços sobre o peito e detenho o meu passo, de repente.

Escuto bater o meu coração que, como um potente tambor, dá impulso ao sangue nas veias da minha terra e, inesperadamente, milhares e milhares de tambores ressoam em mim, que sou o Coração do Mundo.

Milhares e milhares de tambores rufam, fazendo pulsar ainda mais o meu sangue dentro dos ardentes vales feitos de espaços infinitos, de cumes altos e de planícies tão vastas de perder o fôlego.

Milhares e milhares de tambores celebram, na noite, a dança do Fogo da Vida, da Paixão que leva a ousar.

Sei que sou todos os homens e todos os homens estão em mim. Unidos e fundidos para sempre, dançamos no Silêncio a dança da Vida.

Os corpos físicos dormem, descansam do esforço, mas o Coração de cada um lembra o Universo ao qual, na verdade, pertence.

O amanhecer aparece de repente, violeta e rosa ao mesmo tempo. Parece surgir do nada e desperta o caminho humano.

Agora o sino repete o seu chamado: "Por um instante, livre-se do tempo e do espaço. Ponha o mundo de lado e torne-se um Mundo dentro de você mesmo!".

Os pássaros cantam o novo dia e eu me sento para acolher o amanhecer. Ofereço-lhe o meu bom dia e sorrio à nova vida que chega, como sempre. As cores se acendem e todas as coisas se vestem de luz solar e se mostram em toda a sua beleza. Amo Viver e Morrer ao mesmo tempo.

Uma nova viagem está começando. Fecho os olhos, saboreando a decolagem.

O elevar-me da terra, como um grande pássaro de asas poderosas, faz com que eu me sinta total no instante presente.

Não mais passado nem futuro. A decolagem é o momento em que deixo uma aventura conhecida para começar a ser o novo, a incógnita.

Salvador, da Bahia, aparece, brotando entre as nuvens, repentinamente. Do alto, se vê o oceano que brinca com as praias sem fim, sempre adornadas de palmeiras. O azul do mar persegue o celeste até nele se dissolver, dando lugar, em seguida, ao verde intenso da densa mata. Ilhas adornam a baía como pérolas, cor de esmeralda, caídas do céu.

A natureza ri, vencedora, mostra com orgulho a própria luxuriante fecundidade. O ar é denso, pleno, intenso, quente e vibrante, cheio de emoções humanas.

Salvador é feita de olhos grandes, escuros, sorridentes e profundos. Olhos que riem. Os olhos das pessoas de mil cores. Tudo, aqui, é tão vasto e inundado de luz que você também se torna vastidão e luz.

A música forte, ensurdecedora, invasiva, acompanha você por todos os lados, sai das casas e dos carros parados, e conseqüentemente o seu corpo se mexe, rítmica e involuntariamente! Por todos os cantos a música o segue, sem trégua, despertando-o para a vida. O ritmo começa a fazer parte do seu sangue, que se adapta a escorrer conforme a melodia!

PARA VOCÊ FAZER O SEU DESENHO, INSPIRADO POR ESTA LEITURA

Até a cantiga do mar sobe, insinuando-se, perpétua, na memória de suas células, fazendo com que o seu coração bata, comovendo você.

Músicas e sons o levam à Vida, conduzindo-o pela mão, a cada instante, para que você saiba de novo caminhar acompanhado pelo vôo dos pássaros e pelos raios do sol. O universo inteiro está com você e lenta, lentamente você lembra que é o universo.

O mundo é a minha casa, a minha morada está em toda parte.

E Salvador me acolhe no seu esplêndido jardim de esmeralda sobre o mar. Rio feliz. A Bahia é minha!

Rio e a vontade de voar por entre as árvores selvagens e transpirantes de energia me invade.

O jasmineiro, com o seu perfume tão doce e intenso, enche o meu coração até estontear o cérebro, enquanto o bambu, alto e majestoso, toca, com o vento, a sua flauta para mim, só para mim, que o amo.

Por todos os lados o mar espuma abandonado, relaxado na sua maré que acaricia, dissolve, mata a sede das rochas e das praias brancas sem fim.

Bahia, estou aqui!

Estou preparando o meu caminho, caminhando levada pelo fluxo da Vida e pelo chamado forte que se acendeu no coração. Alongarei as minhas raízes de uma terra para enfiá-las em outra, diferente, impregnada do vermelho da vida. Vou crescer como a árvore do fogo, deixando brotar das minhas mãos flores cor de laranja, incandescentes.

Vou fincar raízes nos pântanos, enfiando-as na lama, e vou germinar flores de lótus e ninféias.

Tudo se transforma, nada é negativo.

Dormir com o canto do mar nos ouvidos...!! Há quanto tempo, Antiga, não adormecia embalada pelo eco do som da Sabedoria?

A minha Veneza antiga volta à memória. Quase parece outra vida, outra história de mim mesma.

Em Veneza o mar da Sabedoria rugia lento, às vezes sonolento, fluindo, preguiçoso, para dentro das prainhas e dos prédios antigos. Não como música, mas só um vozerio cadenciado freqüentemente abafado pela presença da neblina. Não árvores verdes, fortes e possantes, mas românticos caminhos cinzentos que vislumbravam o mar do alto, curiosos.

Outra vida. Outra vida. Raízes nascidas ali e depois duramente expandidas. Lembro o tempo em que encontrei um homem de sorriso sério que me disse: "Morri como matéria inerte e me tornei uma planta. E como planta morri e me tornei animal. Morri como animal e me tornei homem. Então, por que deveria ter medo de perder o meu caráter humano?

Vou morrer como homem para ascender em forma de anjo".

Daquele dia em diante, segui o seu sorriso sério e morri aprendendo a arte de Morrer. Morro hoje também, agora.

Deixo o que já conheço com a alegria e a confiança de uma criança, com inocência. Deixo o conhecido e sigo a corrente da vida em eterna mutação.

Sorrio em meio às pessoas, às cores, ao calor úmido que emana, adormecendo e abafando o som dos meus pensamentos.

Difícil pensar, difícil formular palavras quando o ar está tão quente e espesso ao mesmo tempo. Tudo entorpece, criando espaços e tempos diferentes, diminuindo o ritmo dos passos da mente. O caminho interior torna-se quase lânguido. Antiga lança às minhas costas um sopro de vento e como uma brisa gentil roça o meu corpo.

"Escute", me diz, "Tente abrir-se a você mesma e ao seu sentir! Escute. Você não ouve palavras fluir no vento? Você não ouve o sorriso da eterna juventude brincar entre as palmeiras e as mangueiras? Escute: Você Sabe!"

Fecho os olhos ao reflexo solar e ouço tantos sussurros, tantos olhos sorriem além da mente e dos pensamentos! O que estou fazendo aqui, neste lugar que transborda de espaço, de cor e de luz?

Os meus pés caminham, delicados, sobre o vermelho carregado, intenso, inebriante, desta terra. Olhos, olhos por todos os lados.

Doces olhares que indicam um Caminho ainda invisível para a minha mente.

Olhos sorridentes, seguros em seu sorriso, mostram, sem falar, o espaço infinito que me circunda.

Como é estranho o céu nesta sua incrível, louca imensidão! Tudo é sem fronteiras. Respiro e o ar invade amplamente o meu corpo e olho, sedenta de olhar!

Grandes nuvens incham no horizonte em toda a sua altivez, com orgulho, manifestando o seu poder.

Nuvens sutis, delicadas, brincam sobre mim, mudando continuamente de forma, criando sonhos desenhados no céu e fábulas que contam de dragões e anjos e vôos de pássaros e saltos de golfinhos.

Assisto ao filme que o azul do céu me mostra e sinto descer sobre mim a Magia do infinito.

O vento corre entre as palmeiras, insinua-se entre os coqueiros, fazendo-os balançar, o vento brinca consigo mesmo, fazendo levantar vôo bandos de papagaios. Pequenos macacos de olhar humano pulam de um lado para o outro, atraídos pela minha presença. Corre a onda do oceano sem fim, enquanto as pessoas, com a sua cor humana viva e intensa, falam e riem ao meu redor. O ar parece impregnado de magia, cheio como está de infinitas, leves borrifadas d'água.

Você não está só nesta terra quente. A humanidade o acolhe sem esforço.

Corro, buscando o Caminho que sei que me pertence.

Corro sem afã, sem pressa, sem urgência.

Corro porque sei que chegou o momento de alcançar a meta. Tantas vozes sussurram o meu nome, fazendo germinar sementes de felicidade. Detenho-me, de repente, e escuto, concentrando-me em mim mesma, fechando os ouvidos à vida e abrindo-os à Vida.

Ri a Bahia e eu respondo à sua risada, feliz.

As flores encantadas sussurram a poesia da Vida, as mesmas rimas de Amor que se acendem nos olhos de cada um, no instante da inocência reencontrada.

Versos se entrelaçam, ritmando o bater do Coração do Absoluto, a videiras de ramos floridos, orgulhosas de suas poderosas cores vitais, subindo cada vez mais alto, em direção àquele Além que não tem limites.

Olho e o Silêncio eterno, que conta a sua história, se espalha na minha respiração e *Eu Sou*.

A vida de cada um flui em mim, que sou água do oceano, torrente e rio, cascata repentina, voragem, fonte tranqüila, fresca, que mata a sede.

Eu Sou todas as coisas: cada emoção, cada pensamento, cada pulsão e sentimento humano.

Eu Sou cada alegria e cada dor, cada pulsar de raiva e cada inspirar e cada sorriso.

Eu Sou Tudo e sempre serei, sem ser e sem nunca ter sido! Rio.

"Será, Antiga, que as pessoas vão entender a minha mensagem silenciosa? Será que as pessoas vão entender a minha língua sem palavras ou termos definidos?

Esta língua fascinante, quieta, eterno Verbo universal, incompreensível senão pela leitura do Coração?"

A chuva cai devagarzinho, misturada a pequenos fragmentos de raios de sol.

Chove, devagar, um arco-íris feito de infinitos pontos de luz.

Lava as folhas que sussurram, agradecendo docemente.

A chuva cai, macia, leve, livre.

Todas as coisas se transformam, respirando, deixando ir o acúmulo de pó do passado e encontrando, assim, uma leveza diferente.

O passado! Tão difícil de esquecer!

Aquele passado que impregna cada célula e resiste e freia e detém e ilude e interrompe o eterno fluir da Vida!

Uma árvore de grandes e salientes raízes me olha, sossegada no seu pertencer à natureza; me olha e sussurra a sua história.

"Veja", me diz gentilmente, "Você sabe ler as minhas frondes e escutar o meu canto. Deveria ser assim com todos, mas o homem esqueceu o que significa Amar! E claro que o mundo lhe pertence!

Todas as coisas do Universo vêm, só para ele! Mas o homem não sabe disso, já esqueceu há tanto tempo! Por causa da dor, do sofrimento, o homem construiu sobre si uma armadura, abandonou a sua sabedoria, esquecendo a origem de sua verdadeira, divina natureza!"

A árvore fala comigo, movendo as suas frondes vibrando, e eu recebo a sua Energia.

Sinto o seu pulsar, eterna lembrança para quem decide procurar o sentido de si mesmo, na vida.

A árvore conta sobre a verdadeira natureza humana, sobre o seu eterno pertencer à totalidade da criação. Os seus ramos flutuam, acompanhados pela carícia do vento que, rindo, intervém com a sua voz transparente, dissolvendo um instante pesado.

"Há um tempo infinito, vago errante pela Terra, subo e desço para recolher, a guerra dos homens.

Com mãos ligeiras, removo o pensamento pesado da mente e o faço subir ao céu, dispersando-o, assim, completamente.

PARA VOCÊ FAZER O SEU DESENHO, INSPIRADO POR ESTA LEITURA

Junto ao homem, fui criado para ajudá-lo a reconhecer a sua feição divina.

Pelo homem, eu vim à Vida, para impeli-lo a encontrar saída para os seus problemas.

Para protegê-lo e ajudá-lo a eliminar todas as dificuldades, para que ele lembrasse de si mesmo, compreendendo que é eternidade!

Sussurro ao homem: você sempre foge de mim, mas eu sou o Vento, o vento da Força que está em você!

Eu sou aquele elemento que lhe permite descobrir que *você já é um vencedor*!

Eu torno sereno o seu céu, soprando para longe o véu da tristeza, soprando para longe a sua melancolia, para que haja alegria em você!"

O Vento se cala e me deixa pensativa.

Suspiro profundamente.

Seria tão simples escutar o canto eterno da natureza! Antiga sorri, dentro de mim, e, com o seu sorriso, se acende a certeza da Crença.

Sei que todo homem vai vencer, tirando de suas costas o peso dos desafios que a mente cria, dançando com rebeldia para os acordos da vida pequena e falsa!

Sei que todo homem encontrará a si mesmo e rirá do próprio medo, descobrindo, mais cedo ou mais tarde, o prazer de ser Vida, em unidade com o Todo.

Duas gotas d'água correm seguidas, deslizando ao longo do tronco da árvore, empurradas pelo vento. Deixam atrás de si um leve rastro luminoso, de prata. Parecem duas lágrimas que rolaram próximas uma da outra, como que para se fazer companhia pela necessidade de não estarem sós.

Deslizam e alcançam a Terra, que as acolhe e absorve no seu grande ventre. A Terra se abre e sussurra, ela também, a sua eterna presença.

"Dê a mim os seus problemas! Dê-me tudo o que *você* teme! Eu posso acolher qualquer coisa e transformá-la em sementes de sabedoria, para que *você* possa experimentar novamente a sua antiga Altivez! Eu sou a sua Terra que, sem julgar, tudo acolhe e faz florescer, para que *você, homem,* possa, mais cedo ou mais tarde, entender você mesmo!"

Levanto-me e caminho, escutando o rumor dos meus passos, depois levo os meus pés à relva e sinto o silêncio entrar em mim, calmo, profundo, absoluto.

Caminho sem caminhar, porque o meu corpo se dissolveu no Silêncio.

O coração bate, dando a cadência à minha respiração, enquanto nuvens ligeiras voam, lançando-se do céu em direção ao horizonte, que as acolhe e faz desaparecer.

Mil cochichos contam incessantemente a Vida.

O escorrer da água de uma fonte me desperta. Olho a água sair de sua longa viagem subterrânea, sinto-a elevar o seu hino à alegria pela luz reencontrada.

Gotas e borrifos dançam, leves, celebrando o eterno fluir da Vida, no reconhecimento da alternância natural da escuridão e da luz, da alegria e da dor, assim como sempre foi e sempre será!

Caminho o meu passo no mundo, entrelaçando o meu caminho à trilha que cada homem traça para si, na brincadeira de redescobrir a si mesmo.

Como é estranha a minha casa e como é estranho o meu jardim. Tudo parece desbotado nas cores. Ainda tenho gravada nos olhos a luz da Bahia e aqui tudo me parece quase apagado. Com o olhar acaricio cada planta e cada flor, cada estátua, cada árvore, cumprimentando docemente.

Estou em casa! Que casa?

Tenho tantas casas! Aliás, não tenho casas, todos os lugares são a sede da minha vida.

Hoje é um dia quente, quente demais.

As árvores estão paradas, com as suas folhas que também sentem o esforço do movimento. Repousam silenciosas, escutando o canto dos pássaros.

É noite, caminho sobre um raio de lua, é fácil o passo em meio à poeira de prata. O meu olhar é errante, desliza, sem perguntas, e acaricia estrelas e planetas.

O meu Silêncio observa a imensidão do Infinito.

Prossigo e a lua me espera, sorridente, enquanto o seu esplendor me transforma, tornando-me sem limites.

Tudo é quietude e o Universo expande a sua melodia.

Vibrações de Amor chegam de todas as partes e as estrelas lembram o Sorriso eterno de Deus na noite da dúvida da mente.

Respiro a ausência de respiração e a Luz se acende, repentina. O sol bate, com o seu calor, nos vidros da janela fechada. Com os seus raios tenta lembrar que o inverno não existe realmente, tenta despertar a sua atenção para a Eterna presença da Luz, para além dos pensamentos frios que cria o seu juízo.

A Luz, que existe desde sempre, aparece para aquecer, para iluminar quem olha e vê além dos estados de separação que cria a mente, para além dos vidros que a dúvida cria, separando o que é inseparável.

Não é fácil distinguir a Verdade nos múltiplos aspectos da realidade mutante. Aquela Verdade que, única, fica imóvel naquele seu Silêncio que conta, desde sempre, o Eterno Mantra da Vida.

O sol brilha sem tremer. Esquenta com certeza o ânimo de quem se abre à procura do Absoluto.

A Terra ampara o caminho de cada um, para que, passo a passo, se dê conta do inútil caminhar na vida se não se é a *Vida*.

Sorrisos e sussurros de alegria, por toda parte, atraem o olhar de quem procura para além das falsas certezas que a mente mostra, com lógica chatice.

Surgem vozes da Água da Fonte que gera a Vida em todas as coisas.

Caminho, sem caminhar, pelo Caminho das estrelas e olho o que se pode ver, ouvindo o Canto Universal pairar sobre as minhas células inexistentes. Ouço e sou invadida pelo Infinito, rindo junto ao meu sorriso.

Antiga prossegue com o seu passo no meu, levando consigo a ausência de respiração que gera a Vida e torna eterno o homem que sabe.

Doces colinas, altos ciprestes adornam o horizonte sem fim. Verde, verde por todos os lados. O verde do crescimento sem fim. O verde da abertura, do encontro com o Amor que gera e cria a si mesmo, infinitamente, em múltiplos aspectos. No pequeno, no limitado, se acende o infinito.

Vales e montanhas atravessei com passo longo e preciso, superando conscientemente os despenhadeiros da própria vida, respirando, a grande altitude, a Essência do divino que desde sempre está ali, esperando os seus lábios. Rosas se abrem completamente no seu florescer, inundando você de doce perfume, intenso na essência, para que *você* possa se inebriar com o pequeno, lembrando, de repente, o grande!

Ri Antiga e nela eu rio, desde sempre.

O meu corpo veste o traje da pele transparente e esticada pelos ossos, enquanto dentro pulsa o canto do Amor Universal, que toma vida do Eterno fluir do sangue que impregna a Vida. Corpo que corpo não é. Todas as coisas são só Essência de algo mais amplo e cristalino, tão luminoso que é difícil distinguir a sua pureza.

Respiro.

Desperta a minha mente ao som insistente do telefone. Chama a vida no seu véu estreito. O sangue volta a escorrer dentro de veias e artérias e tudo se restringe e flui, limitado pelas fronteiras do cérebro.

Espaço apertado, sufocante.

Às vezes, uma respiração consciente é suficiente para que se cumpra o salto quântico que leva à Vida Eterna, dando-lhe de presente o sabor do sal da Sabedoria.

Meu Deus, quanto caminhei!

Todas as minhas infinitas vidas reaparecem na essência, dentro de minha Memória, em um segundo.

Um absurdo segundo acende a Consciência de minha inteira Vivência.

"Antiga, me ajude", pede a minha voz, "Ajude-me a restringir a mim mesma, para que eu ainda queira ser no Tempo e no Espaço.

Doce é o chamado do Infinito, Antiga!

Doce e consistente como mel dourado que sorri e me convida a Ser, a Ser somente!"

O seu olhar profundo responde sem palavras.

"O cajado do Poder troveja, leve e sorridente, na sua mão que mão não é, e ressoa o Verbo que fala no Silêncio. Não há peso naquele cajado, mas Força! Força, somente."

Tudo se cala.

A janela escancarada, sem os vidros de separação, diafragmas da mente, deixa fluir livre a Luz, e o Todo repousa imóvel no falso movimento, assim como deve ser, sempre foi e sempre será!

Corro livre no céu infinito, sorrindo para as nuvens passageiras, olhando cada turbilhão de temporal se afastar e desaparecer, dissolvendo-se no Nada.

"A Estrela Polar indica a direção a seguir, assim como o Cruzeiro do Sul! Onde quer que *você* esteja, a Direção está com você! Basta dirigir o olhar para cima e Tudo acontece.

Você não pode se perder no seu Ser no Mundo, a não ser que *você* peça para vagar com os olhos baixos, dobrado sobre si mesmo, carregando o falso peso da mente, para no final se encontrar, um dia!

Acorde! Repete cada voz do Mundo. Acorde, abrindo os seus olhos que já conhecem o Caminho do Infinito! Cada Mestre, declarado ou oculto sob falsas aparências, repete o Mantra da Vida para *você*, só para *você*.

Todas as coisas falam, desde sempre, de Deus e *você*, surdo, caminha olhando os seus próprios pés que vagam, incertos, em meio ao cinza das dúvidas dos pensamentos!"

Antiga sussurra o seu Canto entre as frondes das Árvores da Vida e se expande sem fim.

Quero semear o Sol, decidi num dia de loucura da minha Vida!

Quero semear o Sol em toda Terra que pertença ao homem, e ri da minha loucura!

Olhei ao meu redor e vi Terras desoladas, impregnadas de escuridão e de aridez, queimadas como desertos infinitos, esfomeadas de Luz diversa.

"O Sol não queima, alimenta!", gritei naquele dia.

"O Sol não deixa árido! Gera e faz florescer! O Sol da Consciência leva a germinar, abrir-se e manifestar a própria beleza individual!"

Olhei, olhei para entender, para compreender, e descobri a falsa luz do Juízo, que mata e extermina a Criação. Descobri a falsa luz da mente do Ego que trai e torna árido o Homem na sua alma gentil!

Não era o Sol da Responsabilidade o responsável pela aridez, era a falsa luz do senso do dever, sufocante e autopunitivo que levava a Terra do homem a extinguir-se a si mesma, a tornar-se árida na expectativa da aceitação por parte de quem lhe é próximo na vida!

Entendi que todo homem tinha renegado a própria individualidade temendo errar e ser incompetente.

Entendi que cada um brincava uma brincadeira perversa consigo mesmo, não acreditando em si mesmo e não amando a si mesmo, comparando-se aos outros, esquecido da própria unicidade, que o ligava a Deus e à Sua infinita Criatividade!

O homem tinha se nivelado ao conceito de sociedade, *satisfazendo-se* com as migalhas da vida, vivendo de acordos, censurando a si mesmo, deixando de ver a imensidão infinita, a abundância que a verdadeira Vida contém, nas suas infinitas possibilidades!

O homem tinha esquecido que foi feito à imagem e semelhança de Deus!

Tinha esquecido o sentido da própria Humanidade, gerando em si mesmo dor e raiva e vontade de destruição.

Era preciso despertar o Sol do reconhecimento do próprio pertencer a Deus.

Era necessária a Palavra que alimentasse a alma ferida pela falta de Amor, para derreter o gelo da violência da mente, para encontrar a antiga quietude e a eterna Mente Sacra: o Coração!

Semear o Sol tornou-se o meu Caminho e Antiga me armou de pás e de enxadas feitas de paciência e compreensão, de sorriso e de riso, de confiança e de harmonia, para que eu pudesse mover os torrões de terra endurecidos de quem quisesse se reencontrar. A esperança se reacendeu lentamente e com pequenas, constantes sementes de respeito, começou a renascer a Vida em cada Trilha Humana.

Fé, Esperança e Caridade se dissolveram como fontes de água transparentes, a alimentar a Terra Humana, e tudo se abriu e floresceu em Harmonia.

Deus reapareceu com a Sua Luz e sua imensidão em cada um e reacendeu a Arte de Viver verdadeiramente.

"É longo o caminho?", me pergunta o homem. "Sim, mas doce e fascinante ao mesmo tempo!", respondo, enquanto Antiga ecoa em mim, despertando a Confiança no profundo.

Doces mãos, feitas de Luz, removem, cavando, as raízes do pensamento negativo mais sutis, atentas para não arrancar, para que não se regenere a planta da dor.

Compaixão, alta e solene, alimenta a Terra de cada um, enquanto cada aspecto da Criação canta a poesia de Deus ao homem, para que ele recorde a si mesmo, finalmente!

Sol, Sol quente, sorridente no céu sereno da quietude da mente, que se cala para escutar o Coração que *sabe* e narra a Eterna Lenda do Homem que encontra a vida para descobrir a Vida!

O jardim me acolhe com o seu sussurro; caminho e sinto a Terra que me ampara e convida a caminhar, segura e leve. A água da fonte jorra, sem esforço, do ventre da terra e sorri, espalhando uma leve sensação de frescor.

A grama parece pesada sob o calor do sol, repousa cansada e meio dobrada sobre si mesma.

O meu coração bate mais forte e observa o mundo que, novo como sempre, nasceu hoje. Deixo o olhar vagar, bebendo tudo com os olhos da vida.

Um porco-espinho se mexe na grama, dançando com os seus aguilhões, e, sem notar a minha presença, segue a sua história individual, procurando a sua refeição e a sua toca.

Um lagarto, sem se preocupar com o seu rabo truncado, perdido em sabe-se lá que batalha da sua vida, pula de uma pedra, indo parar na mão da estátua de Buda que agora o sustenta. Deslizo em mim mesma e Buda me observa com os olhos entreabertos:

Transcendência e realidade fundidas.

Unidade. Unidade.

O doce sorriso sem esforço da Unidade. A quietude da Unidade. O triunfo silencioso da Vida.

O telefone toca: o seu chamado forte e insistente.

Corro sobre os meus passos, sentindo como *estranhos* os meus pés, que se movem sobre a grama.

Observo as minhas mãos que se movem ondeantes – de quem são as minhas mãos? Estes dedos delgados?

De quem é o meu toque, se eu me reconheço somente na intensidade do meu olhar?

Faz muito tempo que eu sei que não sou o meu corpo. Sei que o meu corpo é uma veste que dá forma ao meu olhar, mas *eu* sei que não sou o meu corpo. Atendo o telefone e uma voz amiga acende o meu sorriso e eu, desperta, respondo à sua pergunta antes que ela seja feita!

Às vezes é divertido brincar de ser Absoluto!

Explode a risada que escorre, atual, pelo fio do telefone. Antiga ri junto comigo do fascínio da Brincadeira que brincadeira não é!

Todas as coisas já estão presentes, não existe tempo ou espaço, tudo já é, sempre foi e sempre será!

Vidência, o que é vidência?

É o estar em Unidade com Deus. A vidência nasce sossegada da sabedoria que se forma ao longo das batalhas da vida. A consciência acontece lentamente, à medida que você se rende ao ser o que não sabe.

A consciência comporta a Unidade e na Unidade o Todo está presente.

Estranha magia da vida. A Vida se oculta nas pregas da respiração, nas sinuosidades da mente, na batida do coração.

A Vida brinca na vida.

A Eternidade se oculta entre as páginas do calendário.

Suspiro e tenho um sobressalto.

Um tremor e a Morte passou do meu lado, sorridente. Um carinho e um olhar infinito feitos de doçura, um sussurro que acende a luz da transformação.

Lembro um tempo, muitas vidas atrás, quando brincava no ritual solene do Sol, mãos abertas, elevadas ao universo, acolhendo com orações a Verdade na Luz oculta.

Eu me lembro, eu me lembro. Não serve para mais nada, a lembrança.

A antiga memória se dissolve no instante da Unidade com o Absoluto. Todas as coisas servem para que você desperte do seu sono; depois tudo desaparece, porque nada existe realmente. Tudo é um meio e tudo é somente ilusão.

Tudo cala, tudo é quietude e *Tudo é*, simplesmente.

Como compreender a *loucura* da Unidade?

Silêncio, não é preciso mais nada.

Silêncio. Sorriso. Quietude.

Caminho. Caminho no silêncio, deixando deslizar de minhas costas todos os pensamentos, como folhas secas carregadas pelo Vento.

Campos infinitos se abrem no vazio da mente e somente então o Mantra da Vida aparece em toda a sua beleza.

Antiga abre os braços e indica o Caminho: "Entre na Mente superior.

Entre, cantando o Seu Silêncio, bebendo a escolha livre da sua vida e abra as portas do seu Coração, sem duvidar e sem medo da dor.

Aprenda a doar, em nome da Compaixão que, sem que você saiba, rega os campos da sua terra interior.

A Compaixão absorve a dor e o sofrimento de toda a vivência Humana!

A lua canta, cheia e serena, canta para quem a sabe ouvir, no escuro da noite. Nas dificuldades ilumina o caminho, mostrando a direção certa, que está sempre presente para quem quer encontrar a verdade.

A lua tece a sua trama de prata para que apareça uma escada, na angústia das noites da vida, permitindo subir para além dos medos de sua mente.

Finas teias de aranha, passo a passo, conduzem o seu pé a níveis de infinita beleza, no sussurro do infinito, a saborear o sal da sabedoria eterna. Nuvens se tingem de rosa, tímidas no seu esplendor, para que você reencontre a sua inocência e reconquiste o lugar que sempre lhe pertenceu, por direito divino."

Antiga conta a história do universo, a eterna magia da criação, que desde sempre acompanha e fica lado a lado na trilha humana.

Sorrio, reconhecendo a Verdade em suas palavras.

A paz de sempre parece mais clara, impregnando-me de alegria silenciosa, enquanto os meus olhos perscrutam o infinito pulsar do rio de estrelas no céu.

Veneza se acende, mais uma vez de surpresa, dentro dos meus olhos; lembro a sua cor. Tantas vezes respirei, lentamente, a sua antigüidade, o seu flutuar sossegado, entre as ondas que a acariciam e invadem.

Os olhos virados para o alto, levados a observar telhados e chaminés enquanto os passos ressoam pelas ruelas. Olho as imagens dos palácios refletidas na água dos canais: parecem quadros com movimento. Os barcos rompem as cores, deixando um rastro que, quando desaparece, faz com que se recomponha o quadro ao infinito. A neblina abafa todo barulho ou emoção, tudo parece calar, as dimensões desvanecem, deixando o nada palpável ao meu redor.

"Quantas vezes caminhei em meio à neblina, lembra Antiga? Quantas vezes, subjugada pelo pensamento, vaguei em meio à neblina de mim mesma, esperando o som dilacerante de uma sirene que me despertasse do meu atordoamento?"

Veneza repousa dentro de mim com as suas pequenas praças e canais, com as suas igrejas de beleza e elegância supremas, com a dignidade própria do que é antigo.

O leão de San Marco me observa, mostrando-me as leis da vida e eu lembro a minha altivez e o meu rugir no momento da dor.

Quais são as leis da vida?

Nenhuma lei é realmente válida para o homem a não ser o Amor, e o Amor é altivo e doce ao mesmo tempo.

Sorrio ao meu passado antigo, o campanário toca o meu despertar e eu respondo apressando o passo.

Quanto caminhei dentro de mim, junto comigo, viajando ao infinito na eterna busca da Verdade!

Caminho na madrugada, o barulho dos meus passos sobre a calçada ecoa, profundo. Caminho criando longas sombras sob os pórticos silenciosos, parcamente iluminados por tênues lampiões. O vulcão troveja, de repente, o seu ronco possante e os lampiões oscilam assustados, tentando fugir.

As pessoas continuam a conversar. Na Guatemala a voz de cada um parece sair de roupas coloridas, cheias de arco-íris fulgurantes, de dentro das quais emergem rostos de olhos doces e penetrantes.

Movo-me curiosa e observo a vida que flui em cada um: amores, tristezas, abandonos, tudo está lá, contido no cofre do olhar da alma.

Cada emoção transparece nas rugas dos rostos, nas pregas dos sorrisos, nas perguntas que surgem, mudas, nos olhos de cada um.

Guatemala, terra antiga, quente e relaxante, sabe acolher quem passeia por suas ruas. As estrelas, que se podem tocar com a mão, ficam olhando, tranqüilas.

De quando em quando, alguém interrompe o canto do infinito, fazendo ouvir o som de um violão e uma doce melodia enche o coração, que sorri.

Verde rico, redundante e explosivo da Guatemala.

Altos cumes, cobertos de vegetação exuberante, regeneram o pensamento, criando imagens de espaços infinitos, para além do tempo. Tudo se perde e reencontra nas cores que deslumbram a vida. É lindo percorrer o mundo, lembrar um gesto de cada uma das pessoas que se encontrou, lembrar a vida que você colheu no olhar de um momento, aquele olhar que narra a história do tempo vivido.

Perfumes e cores dos mercados, que o homem tornou vivos e vibrantes. Vidas, vidas e vidas que se seguem umas às outras, entrelaçando infinitos, delicados fios de emoções e sentimentos que, em conjunto, criam a Humanidade.

Em todos os lugares do mundo, o Amor e o sofrimento.

Em todos os lugares, a dor e a esperança.

Em todos os lugares, a busca da quietude, do sorriso da paz.

Cada homem é ele mesmo e o outro ao mesmo tempo.

Cada um é Universo inconsciente, oculto no profundo da alma.

Eu *sei* o que todo homem sabe sem saber.

Uma cascata borbulha o seu frescor e dissolve o peso do momento. Um cume respira o infinito, para que todos possam para sempre lembrá-lo.

A lua se move entre os ramos das árvores, desliza lentamente, com passo sossegado e seguro, ao longo da trilha perene do céu, acendendo com sua luz desertos e lagos e planícies e rios e selvas e campos e oceanos, unificando com o seu caminhar o mundo inteiro, para que o homem compreenda a sua unidade. O mundo ri e chora, unido pelos mesmos fios de alegria e de dor!

"Antiga, você se lembra do dia em que, sozinha, eu subia e descia dentro das montanhas da minha vida?

O afã e o cansaço eram os meus companheiros, você se lembra?

Quanto esforço, Antiga, para prosseguir o meu caminho, que parecia nunca ter fim! Muitas vezes pensei que tinha me extraviado em algum vale perdido da minha mente!

Muitas vezes corri ofegante, seguida pela sombra do meu medo, em busca de um raio de luz no qual me refugiar.

Caminhei e caminhei com os pesados pensamentos da mente às costas, deixando que as selvas sombrias de minhas dúvidas as dilacerassem, procurando a liberdade.

Encontrei pedras na minha trilha, pedras que me contaram a história da Humanidade.

Quase por acaso, por breves instantes, tudo em mim de repente mergulhava na Fonte eterna da Vida que aparecia com os lampejos de luz. Experimentava a leveza e a quietude,

PARA VOCÊ FAZER O SEU DESENHO, INSPIRADO POR ESTA LEITURA

para voltar a cair nos labirintos da mente. Para cima e para baixo, lembra, Antiga?

Para cima e para baixo sem trégua, na luz e na escuridão mais profunda e dilacerante.

Cada árvore, cada fonte me deu, naquele tempo, a sua silenciosa palavra de clareza.

O universo me amparou no meu peregrinar em busca da fonte de mim mesma.

Antiga, Antiga, minha doce senhora dos olhos dourados! Encontramo-nos em uma encruzilhada fatal, onde cheguei depois de um longo vagar entre opostos.

Os pés ensangüentados pelo longo caminho, feridos pelas pedras feitas de pensamentos contundentes e pelos juízos.

O coração pesado pela urgência da busca.

Os olhos fundidos em um único olhar, voltados para uma meta que parecia invisível e, no entanto, se fazia ouvir como um Eco, um chamado suave e longínquo!

Antiga, Antiga, agora relembro, sorrindo, a procura de mim mesma!

Um riacho de vida de água transparente jorrou, da minha fonte, depois de ter cavado túneis profundos nas vísceras da minha Terra. Tudo me foi tirado e, no nada, tudo me foi dado.

Doce encontro, o nosso, eterna amiga minha. Doce encontro, realmente!

Quantas vezes gritei a minha necessidade de ajuda, deixando de lado o orgulho, e quantas vezes o vazio mais absoluto me respondeu *Levanta e Caminha!*

Procurei a mim mesma, olhando debaixo de cada pedrinha das minhas defesas mentais.

Arrumei cada uma das mais finas das raízes de mim mesma, libertando-me, devagar, lentamente, de qualquer aspecto falso de mim mesma.

O medo e o desespero me esperavam atrás de cada árvore de minha vida, prontos a me agarrar e deter em meu caminho.

Muitas vezes gritei, aprisionada nos pântanos feitos de dor, me sentindo impotente, afundando com a única esperança de finalmente morrer!

Em seguida, subitamente, uma mão ligeira agarrava o meu coração sufocado e o elevava até o Guadalquivir das estrelas, deixando-me muda, amalgamada com a extrema beleza do Absoluto, indescritível.

Que estranha brincadeira a Vida, Antiga! Que estranha, fascinante brincadeira, que brincadeira não é!

Com o riso, as nuvens de medo se desfazem, vão embora amedrontadas pela luz da clareza. Com o riso, se rompem os temporais, os véus das dúvidas da mente se rasgam e o Sol da consciência reaparece, sempre presente.

Aprendi a rir lentamente, derretendo os *icebergs* do meu coração ferido e transformando aquela água em Mar de sabedoria.

Fui Águia Branca no Vôo do Absoluto e caminhei o Abismo do Oceano da Vida. Tudo explorei até o fundo, escutando o Eterno Mantra da Vida no seu canto universal!

Agora, sei Ser e ter sempre sido.

Sou o Infinito que sorri por meio das estrelas que iluminam cada noite escura da vida humana, que Vida não é.

Há quanto tempo, Antiga, brincamos juntas o destino da vida, em nome da Vida?

Desde quando os seus olhos se fundem com o meu olhar e, unidas, caminhamos o Caminho da Sabedoria sorridente?

Séculos? Anos?"

"Instantes eternos! É somente *no instante* que a Vida existe.

E é *no instante* que repousa a Verdade", ela ri, enquanto responde. E transmite doçura com a vibração da sua palavra que é Verbo Universal. Respiro e sorrio simultaneamente.

É fácil viver transportada pelo vento da Existência, sabendo que *você* é a Existência! Fechar os olhos e confiar, e então o milagre, sempre presente, acontece.

Acontece! Acontece sem esforço.

Tudo é tão simples, tão simples que é difícil acreditar!

Confiança. Confiança. Amar é confiar.

Os meus pés não deixam marcas sobre a areia, porque o Mar apaga a pegada, a cada passo meu, para que eu lembre que sou só Presente.

O Mar brinca com a sua onda de lavar a memória do passado, uma vez adquirida a sabedoria de cada instante da vivência. Conchas, ao longo do caminho humano, lembram o som da Eternidade, despertando antigos sabores de Vida que levam a procurar o Infinito no finito.

Respiro e o pó do ouro invade o meu Coração, que se ilumina e abre completamente ao Canto Universal.

Eternas Harmonias se acendem, inundando o espaço, despertando com clarões de Luz quem repousa no sono da mente, adormecido.

Andorinhas se elevam no vôo da Infinita primavera, chamando novamente o sangue a escorrer, em cada corpo humano, com Paixão e Audácia.

Mil Trilhas se abrem ao chamado repentino.

Cada Homem, rapidamente, reencontra a si mesmo e ao seu Caminho, no respeito por si próprio e pela própria experiência humana.

A Vida ressoa a cada instante, às vezes apenas coberta pelo som da mente tagarela e dispersiva, enquanto o rufar do Coração lembra o Eterno pulsar da Vida, para que se acenda a Consciência, em cada percurso humano.

O Eco antigo dos vales interiores ressoa o meu riso que, imenso, se expande para regar Terras de incrível beleza. Conheço cada Terra humana no esplendor do seu nascimento, na consciência do seu pertencer à unidade com Deus.

Reconheço cada flor diferente que o homem leva consigo desde sempre.

Em quietude espero, sem me deter, a época do seu florescer. Palavras. Palavras sem sentido diante do bater silencioso do Coração do Absoluto.

Caminhando pela minha Vida encontrei a Dança que tinha perdido no tempo da dor e do penar.

Experimentei intensamente o sabor da amargura e da traição.

Toquei o abismo profundo da Morte que, como um redemoinho, encheu a minha boca e o meu coração, me deixando sem palavras e sem fôlego.

Por muito tempo fiquei ali parada no meu caminho, paralisada e petrificada, escutando lágrimas que não caíam, congeladas pelo gelo do sofrimento.

Antiga apareceu em mim, justamente naquele momento eterno de impossibilidade de respirar e, terna, afagou o meu rosto exangue e bebeu dos meus olhos a água da Vida que voltou a escorrer de sua fonte natural.

Reencontrei o sentido de mim mesma e do meu caminho Humano e Universal em um segundo de Luz total.

Vi, então, o que *ver* não se podia.

Escutei o que não podia ser *ouvido* e sorri às tramas absurdas, mas inteligentes, de minha criação, finalmente relembrada de mim mesma!

Fui Vida e calei para sempre o pensamento da mente, saboreando os altos Cumes eternos do Infinito Sentir.

Uma pétala caiu oscilando docemente, da mesma forma como eu caí em mim uma vez, entregando-me à minha Terra e confiando na sua Sabedoria feita de contínua transmutação.

Palavras, palavras sem sentido.

O Absoluto conta o Eterno Mantra da Vida e Antiga ri, e eu rio nela. Unidas para sempre, nos fundimos no doce sorriso do Silêncio que palavras não tem e caminhamos, como deve ser e sempre foi e sempre será, na Alma do Mundo.

A Vida humana
Ressoa a poesia de Deus
Enquanto o Universo canta,
no Silêncio,
A Eternidade de sempre.

Nasci e morri várias vezes, tendo vivido assim muitas vidas em uma única vida. A iluminação me aconteceu no dia 13 de fevereiro de 1993 e acendeu o sorriso para sempre. A arte de viver é o meu caminho; minha escolha é pela Qualidade mais do que pela duração da vida, aprendendo a morrer a cada instante para o passado, pronta a renascer a cada instante no presente.

Fundei o Instituto Universal *A Vida* na Itália e no Brasil onde se ensina a Consciência como caminho da Cura, por meio de encontros individuais e de grupo. Tenho vários livros publicados. No Brasil, este é o segundo. *O Sol Semearei em Minhas Terras*, que conta a minha história de vida, também foi publicado pela Ágora.

Instituto Universal A Vida

Itália — Via Ca'del Ferro, 11
    37036 S. Martino B.A. — Verona
    telefone/fax: 0039 045.8820144
    vida@sis.it

Brasil — Praça Adriano Gordilho, 4
    Largo da Boa Viagem
    Salvador — Bahia
    telefone: 0055 71.3149744
    tudojóia@terra.com.br

Em São Paulo, telefones para recados:
    3865 3816
    3872 3322 ramal 153

PARA VOCÊ ESCREVER SOBRE SONHOS, VISÕES E DEVANEIOS
SUGERIDOS PELA LEITURA DESTE LIVRO

PARA VOCÊ ESCREVER SOBRE SONHOS, VISÕES E DEVANEIOS
SUGERIDOS PELA LEITURA DESTE LIVRO

PARA VOCÊ ESCREVER SOBRE SONHOS, VISÕES E DEVANEIOS
SUGERIDOS PELA LEITURA DESTE LIVRO

PARA VOCÊ ESCREVER SOBRE SONHOS, VISÕES E DEVANEIOS
SUGERIDOS PELA LEITURA DESTE LIVRO

Impresso em off set

Rua Clark, 136 – Moóca
03167-070 – São Paulo – SP
Fonefax: (0XX) 6605 - 7344
E - MAIL - bookrj@uol.com.br

com filmes fornecidos pelo editor